LE LIVRE DES CYRANIDES

HERMÈS TRISMÉGISTE

LES LAPIDAIRES
DE L'ANTIQUITÉ ET DU MOYEN AGE

∾

TOME III
LES LAPIDAIRES GRECS

∾

OUVRAGE PUBLIÉ SOUS LES AUSPICES DU MINISTÈRE DE
L'INSTRUCTION PUBLIQUE ET DE L'ACADÉMIE DES SCIENCES
PAR F. DE MÉLY

TABLE DES MATIÈRES

PREMIÈRE CYRANIDE

PROLOGUE	3
LETTRE A	7
LETTRE B	13
LETTRE Γ	15
LETTRE Δ	17
LETTRE E	20
LETTRE Z	22
LETTRE H	24
LETTRE Θ	28
LETTRE I	30
LETTRE K	31
LETTRE Λ	35
LETTRE M	37
LETTRE N	40
LETTRE Ξ	42
LETTRE O	44
LETTRE Π	46
LETTRE P	48
LETTRE Σ	50
LETTRE T	53
LETTRE Y	54
LETTRE Φ	55
LETTRE X	60
LETTRE Ψ	62
LETTRE Ω	64

DEUXIÈME CYRANIDE

LETTRE A	71
LETTRE B	76
LETTRE Γ	78
LETTRE Δ	80

LETTRE E	81
LETTRE Z	84
LETTRE H	86
LETTRE Θ	87
LETTRE I	89
LETTRE K	90
LETTRE Λ	94
LETTRE M	96
LETTRE N	98
LETTRE Ξ	100
LETTRE O	101
LETTRE Π	103
LETTRE P	105
LETTRE Σ	106
LETTRE T	108
LETTRE Y	111
LETTRE Φ	114
LETTRE X	117
LETTRE Ψ	119
LETTRE Ω	120

TROISIÈME CYRANIDE

LETTRE A	123
LETTRE B	126
LETTRE Γ	128
LETTRE Δ	131
LETTRE E	132
LETTRE Z	134
LETTRE H	135
LETTRE Θ	136
LETTRE I	137
LETTRE K	138
LETTRE Λ	141
LETTRE M	142
LETTRE N	144
LETTRE Ξ	145
LETTRE O	146
LETTRE Π	148
LETTRE P	152
LETTRE Σ	153

LETTRE T	154
LETTRE Y	156
LETTRE Φ	157
LETTRE X	159
LETTRE Ψ	162
LETTRE Ω	164

QUATRIÈME CYRANIDE

LETTRE A	169
LETTRE B	171
LETTRE Γ	173
LETTRE Δ	176
LETTRE E	178
LETTRE Z	180
LETTRE H	181
LETTRE Θ	182
LETTRE I	184
LETTER K	185
LETTRE Λ	190
LETTRE M	192
LETTRE N	194
LETTRE Ξ	195
LETTRE O	196
LETTRE Π	198
LETTRE P	200
LETTRE Σ	201
LETTRE T	203
LETTRE Y	205
LETTRE Φ	207
LETTRE X	209
LETTRE Ψ	212
LETTRE Ω	213

PREMIÈRE CYRANIDE

PROLOGUE

Ce livre est celui de Cyranus... Le divin Hermès des deux en fit un troisième : livre des vertus naturelles, formé des deux livres des sympathies et des antipathies : l'un, premier livre des Cyranides, de Cyranus roi de Perse, l'autre, [livre] d'Harpocration d'Alexandrie, dédié par lui à sa propre fille. Voici ce que contenait le premier livre de Cyranus, autant que nous le pouvons supposer.

2] Hermès, le dieu trismégiste, ayant reçu par les anges un très grand présent de la Divinité, le communiqua à tous les hommes intelligents. Ne le communique donc pas aux ignorants, mais conserve-le par devers toi comme un grand trésor ; communique, si tu le peux, à tes fils seulement, toi leur père, ce grand trésor qui, pour l'action, vaut l'or précieux, mais qu'ils jurent de le garder fidèlement, comme un enfant sacré.

3] Ce livre a été écrit sur une colonne de fer en caractères syriaques ; il a été interprété par moi dans le premier livre, l'Archaïque. Dans celui qui s'appelle La Cyranide, il est traité de vingt-quatre pierres, de vingt-quatre oiseaux, de vingt-quatre plantes et de vingt-quatre poissons.

4] Donc, chacune de leurs vertus fut combinée et mélangée aux autres vertus du corps mortel, non seulement pour servir de remède efficace, mais aussi pour son charme naturel, révélation du Dieu souverain et tout-puissant dont la sagesse nous enseigna la puissance des plantes, des pierres, des poissons et des oiseaux, la vertu des pierres et la nature des animaux et des bêtes sauvages, leurs mélanges mutuels, leurs oppositions et leurs propriétés. Ainsi, c'est de Dieu que vint aux hommes la gnose et l'expérience.

5] Donc, après avoir divisé l'ouvrage tout entier en trois Cyranides, j'ai expliqué, par ordre alphabétique, les choses telles qu'elles se présentaient à ma mémoire. Elles s'appellent les Cyranides parce qu'elles sont les reines de tous les écrits, et nous avons trouvé qu'elles venaient de Cyranus, roi des Perses : Voilà la première : tel est son prologue ; voici celui d'Harpocration.

6] Livre médical de Syrie. Harpocration a écrit ce qui suit pour sa fille. Dans un voyage que je fis en Babylonie, je suis arrivé à une ville qui s'appelait Séleucie : l'histoire en a été écrite, nous n'avons donc pas besoin, comme d'aucuns, de nous attarder à la décrire et de nous perdre dans de longs prologues. Arrivons donc au but que nous nous proposons. Il ajoute avoir vu une autre ville distante de dix-sept schènes de Séleucie, qu'Alexandre, roi de Macédoine, détruisit à son retour et c'est alors qu'il bâtit une autre Séleucie, soumise aux Perses, au point d'être persogône, on l'appelle la première Alexandrie, en Babylonie.

7] Voilà d'abord ce que j'ai appris, mon enfant. Puis la troisième année, je rencontrai un vieillard étranger extrêmement instruit, même en littérature grecque ; il me dit qu'il était Syrien, qu'il avait été fait prisonnier, et que là, s'écoulait sa vie. Parcourant donc toute la ville avec moi, il m'en faisait voir chaque détail. Arrivé un jour dans un endroit éloigné de la ville d'environ quatre milles, je vis là, au milieu des tours, une stèle très grande, que les habitants disaient avoir été apportée de Syrie (le Vieil Interprète dit : du temps de Salomon), puis consacrée pour le traitement des malades de la ville. Je l'examinai et la trouvai couverte de caractères perses. Aussitôt donc, je priai le vieillard de m'en indiquer le sens, et j'écoutai ce qu'il me raconta de la stèle. Et il m'expliqua longuement en grec les caractères barbares. Tu vois, dit-il, mon enfant, ces hautes tours au nombre de trois : la première couvre environ cinq mille (?), la deuxième deux mille et demi, la troisième quatre mille : elles ont été construites par des géants qui voulaient escalader le ciel. Pour cette impiété folle, les uns furent frappés de la foudre, les autres sur l'ordre de Dieu ne se reconnurent plus désormais entre eux, tout le reste enfin s'en alla tomber dans l'île de Crète, où Dieu, dans sa colère, les précipita.

8] Ensuite le vieillard m'ordonna de mesurer avec un cordeau, la pierre [la tour de pierre] qui présentait sa longueur vers l'Orient. Ayant donc mesuré celle qui était proche, je trouvai qu'elle avait six cent vingt-deux

(V. I. trente-deux) coudées de hauteur et soixante-dix-huit de largeur, et les degrés jusqu'en haut étaient au nombre de huit (V. I. deux cent huit). J'examinai aussi le sanctuaire. Le naos, placé au milieu du sanctuaire, avait trois cent soixante-cinq marches, [les unes] d'argent et les autres d'or au nombre de soixante : nous les montâmes pour aller adresser nos prières au dieu. Et il répétait les innombrables puissances du dieu, qu'il ne faut pas énumérer, disait-il. Mais, décidé à connaître toutes les autres choses, je cessai toutes questions, désirant me renseigner au sujet de la stèle seule. Alors le vieillard, écartant le voile de lin placé sur la stèle, me la montra couverte de caractères étrangers, et moi, qui ne connaissais pas ces lettres, je désirai vivement savoir ce que chacune signifiait. Et je réussis à connaître ce qui se lisait ainsi sur la stèle :

9] « Mythe célèbre, que la volonté des immortels a rempli de connaissances. Comme quoi le deuxième livre recevra de Dieu le nom de Cyranide, second livre suivant le premier, celui de l'Archaïque de Syrie, là où courent les eaux du fleuve Euphrate. »

10] Voici les caractères tracés sur les stèles de fer : « J'y ai d'abord gravé l'avenir, ensuite j'y ai classé les pierres d'après leurs vertus; j'y ai joint les produits de la terre, les poissons des abîmes de la mer, les oiseaux des airs : vertu par vertu, je les ai réunis par groupes de quatre, plus développés, pour servir aux hommes nés et à naître. Oh! âme immortelle, traînant un corps mortel, conduite du haut des airs par le fil d'une Nécessité malfaisante, comme Dieu lui-même l'a dit, tissu filé par les Parques et par la Nécessité, engage les corps mortels à supporter leurs maladies. Car, tel qu'un homme pris dans une entrave et dans des chaînes, tu es sous le joug impérieux de la Nécessité. Mais quand tu auras quitté ton enveloppe mortelle et insupportable, tu verras alors réellement dans les airs et dans les nuages, le souverain maître, qui commande au tonnerre, aux tremblements de terre, aux éclairs, à la foudre, qui met en mouvement les fondements de la terre et les flots de la mer. Telles seront les œuvres de la Divinité éternelle, mère de toutes choses. Dieu les a toutes enseignées aux mortels ainsi que leurs contraires. »

11] Mais ce livre, gravé sur une stèle de fer trempé, a été enfoui dans un lac de Syrie, comme il a été rapporté au livre précédent, intitulé l'Archaïque ; et dans celui-ci, intitulé Les Cyranides, il est question de vingt-quatre pierres, de vingt-quatre oiseaux, de vingt-quatre poissons de mer et de vingt-quatre plantes. Les vertus de chacun, jointes ou combinées avec celles des autres, seront associées pour apporter le calme au corps mortel et nous faire jouir éternellement de la santé. Car nul autre que Dieu ne saurait donner la vie à l'homme. Or, tout ceci a été écrit d'après l'ordre du Seigneur. C'est donc ainsi qu'ils commencent. Mais si on constate une discordance dans les prologues [du Livre de Cyranus et d'Harpocration], ils sont d'accord pour commencer par la première lettre de l'alphabet, comme il suit.

LETTRE A

1] Bryonne. (Ἄμπελος λευκή)
Aigle, (Ἀετός) oiseau.
Aétite, (Ἀετίτης] pierre.
Aigle, (Ἀετός) poisson sans écailles, vivant dans la mer.
Vigne blanche, plante très sacrée, la première, l'excellente, qu'on appelle aussi la divine bryonne. L'aigle mâle, le roi de tous les oiseaux. L'aétite, pierre enceinte et résonnante ; car, bien que très petite, si tu la places près de ton oreille en l'agitant, tu entendras comme un bruit de clochette. Aigle, poisson sans écailles, presque semblable à l'épervier [de mer], plus noir cependant, semblable en tous points à la pastenague.

2] La racine de la plante suspendue au cou, guérit les asthmatiques et les épileptiques : l'infusion de ses feuilles, à la dose d'un cyathe, délivre ceux qui sont atteints de dysenterie.

3] L'homme bien portant, qui veut boire beaucoup sans se griser, n'a qu'à prendre à jeun une décoction d'une once de ses feuilles avec du vinaigre, il sera insatiable au point de ne pas savoir ce qu'il boit.

4] S'il boit avec du vin pur la pierre qui se trouve dans la tête du poisson, il ne saura pas tout ce qu'il boira.

5] S'il porte autour du cou la pierre sans la plante, il pourra boire un pot de vin sans s'en apercevoir.

6] S'il boit la même pierre du poisson broyée avec du vin pur, il n'aura pas du tout conscience de ce qu'il boit.

7] Le marc de raisins pressés, mélangé avec un peu de cette pierre et bu par ceux qui ont les parties génitales affaiblies, procure le gonflement et une grande érection ; à ceux qui ne peuvent accomplir le rapprochement sexuel, il sera également salutaire. C'est Dieu lui-même qui a révélé ce secret, pour que le corps humain ne restât pas dans l'embarras.

8] Vin blanc trois cotyles; quarante bourgeons de la plante; baies de sumac trois onces, réduits à un cotyle, en boisson, soulageront la dysenterie, la lienterie et les autres affections analogues.

9] Une décoction de feuilles de bryonne, avec un peu de miel, soulage les souffrances du colon : et si tu y mêles un peu de la pierre, la maladie n'augmentera pas et ne reviendra pas.

10] J'ai vu un jour une femme dont les os étaient brisés, et je m'étonnais du traitement qu'elle suivait, apprenant en même temps qu'elle était ainsi depuis vingt-cinq ans, inerte (brillante et divine nature) ; car elle ne remuait pas les mains et sa chair était gangrenée, et elle ne sentait plus rien. Le reste de ses os allait donc se briser. H'étant servi de cette plante, je la guéris. Je trouvai dans le Livre Sacré cette formule : mélangez une quantité égale de décoction de feuilles de la plante et de vin blanc, faites boire pendant sept jours et le malade sera sauvé.

11] Et la pierre d'aétite suspendue au cou, et le poisson pris comme aliment, produisent les mêmes effets. C'est un présent de Dieu qu'il ne faut pas révéler : ne le fais donc pas connaître, même à ton propre enfant.

12] Pour la chute des ongles des grands doigts, difficiles à guérir et à conserver, mais atteints récemment d'écoulements, mouille avec du vin blanc des dattes pressées, fais macérer, et pose le remède, tantôt seul, tantôt avec de l'huile de roses.

13] Contre les fourmillements ressentis dans tout le corps, ou seulement dans une partie, ou encore contre les verrues, tu brûleras une branche de bryonne, ou du bois, et tu appliqueras l'eau qui sortira de l'extrémité du sarment ou tu la donneras à boire, et toutes les verrues tomberont. N'apprends cela à personne. Egalement, une application de fiente d'aigle est un bon remède. Et la pierre suspendue au cou, ou la graisse du poisson en onction, est un remède très salutaire.

14] Contre les abcès des gencives, la carie des molaires, les affections purulentes se produisant dans tout le corps et les ulcères cancéreux ou rongeurs : décoction de feuilles de bryonne, trois onces; alun, quatre onces; misy cru, huit drachmes; manne, quatre cotyles; iris d'Illyrie, une once; couperose, quatre grains : broyé jusqu'à ce que le tout devienne sec ; cela purge, reconstitue la plaie, arrête l'écoulement consécutif, et, d'une manière générale, c'est le plus puissant remède.

13] Or, nous avons appris un souverain remède, après avoir constaté sur la langue d'un malade des abcès tels que les gencives en étaient mortifiées : appliquant de la décoction de feuilles avec du miel, du misy sec, la plaie fut purifiée : ensuite, ayant saupoudré d'iris sec, la plaie fut reconstituée.

16] Contre l'ozène nasal, les tumeurs, les polypes, les corrosions externes et internes, les ulcères, les engelures et tout ce qui affecte les narines, voici le remède divin : décoction de feuilles, une once ; couperose, encens, calcite, aristoloche, trois grains de chaque : broyé jusqu'à ce que le tout devienne sec et sers t'en comme d'un remède très divin.

17] Contre la calvitie et les sueurs, les ulcères, les gales, les tumeurs et toutes les maladies de la tête : décoction de bryonne, décoction de potamogéton, décoction de bette, parties égales, mélanger pendant trois jours et employer en onctions. C'est tout à fait bon.

18] Pour empêcher la carie des molaires, les rendre inébranlables, incassables, il y a un remède divin (retiens-le) : jus de raisin, deux cotyles; écorce de racine de mûrier, six onces : fais bouillir jusqu'à réduction de moitié : donne en lotion pendant trois, cinq ou sept jours, et les molaires ou les gencives ne seront plus jamais malades.

19] Si donc quelqu'un voulait l'étudier, la bryonne, plante donnée par Dieu, guérit les maux des pieds à la tête.

20] Jusqu'ici Cyranus et Harpocration ont été d'accord ; à partir de ce moment, Cyranus s'exprime différemment en ces termes :

21] Les pousses de la plante, mangées cuites au moment de la pousse, font évacuer l'urine et rendent le ventre libre. Les feuilles, la racine et le fruit sont acres et très échauffants; ils ont aussi une autre action merveilleuse dont on n'a pas parlé, c'est que mis en cataplasme avec du lait et de l'ammi, ils guérissent les ulcères invétérés, les gangrènes, les cancers et les ulcères purulents.

22] Sa racine desséchée fait disparaître les humeurs et les taches de rousseur du visage, la rigidité des membres et les autres taches du visage et les taies des yeux : mélangée avec de la farine d'orobe et du fenugrec, elle guérit les boutons, les taches de rousseur, les dartres farineuses, les enflures du visage, les excroissances entre les doigts et les tumeurs noires.

Cuite dans l'huile jusqu'à consistance de cire, elle convient aux mêmes affections; mise en cataplasme avec du vin, elle arrête les enflures du visage et les excroissances entre les doigts, elle fait disparaître les inflammations.

23] Pour l'épilepsie, il faut en boire pendant une année, quatre grains chaque jour avec de l'oxymel : administrée à la dose de deux grains, elle est bonne pour les apoplectiques et les gens sujets au vertige : elle vient également au secours des gens mordus par un serpent. Elle détruit les fœtus : elle cause un certain trouble dans la pensée, et quelquefois, associée à du vin de seconde cuvée, elle augmente l'urine. Trois oboles bues avec du vinaigre pendant trente jours, diminuent les douleurs de tête : on l'emploie utilement avec des figues en cataplasme pour le même objet : on la fait aussi bouillir pour les bains de siège destinés à purifier la matrice. C'est encore un excellent remède pour le ventre.

24] En liniment ou en cataplasme, le fruit, seul, est bon contre les dartres et les lèpres : le suc de la plante, extrait jusqu'à la dernière goutte, en boisson, fait venir le lait. En boisson, elle convient aux paralytiques, en liniments avec de l'huile, aux ulcérations.

25] Ses feuilles, avec du vin, employées en cataplasme sur des écoulements, sont parfaites : en un mot, elle est utile à tous ceux qui l'emploient dignement.

26] Cette plante est de deux sortes. La première est la vigne blanche, celle qui s'appelle aussi bryonne, raisin de serpent, couleuvrée, chelidon, mylithron, psilothron, archizostes, kechedron. Ses sarments, ses feuilles, ses vrilles sont semblables à celles de la vigne cultivée, mais plus touffus : elle pousse au travers des buissons qui l'avoisinent et s'y attache par ses vrilles. Son fruit est comme une grappe de raisin roux : il enlève la peau.

27] La deuxième est la vigne noire : on l'appelle aussi bryonne et chrironion (gentiane). Ses feuilles sont semblables à celles du lierre, plus encore au smilax, mais plus grandes ; elle s'attache aux arbres par ses vrilles ; ses fruits, d'abord verts, deviennent noirs à l'extérieur et couleur de buis à l'intérieur ; ses pousses, dans leur premier bourgeonnement, se mangent comme légumes ; elles sont diurétiques et emménagogues, curatives de la rate, salutaires aux hypocondriaques, mais surtout les racines; toute la plante convient aux épileptiques et aux personnes qui ont des vertiges; ses feuilles avec du vin, mises en cataplasme sont salutaires aux écrouelles et contre les coliques et les relâchements; et en général elle a une vertu semblable à la précédente.

28] La vigne blanche a encore d'autres effets convenables et très agréables, car dans les festins elle ne rend pas seulement sobre, mais elle fait qu'on se réjouit.

29] Jusque-là Cyranus s'exprime ainsi : puis ils ne sont plus d'accord ; et voici ce que dit Harpocration :

30] « Heureuse plante, conductrice des Dieux, maîtresse de la terre, du ciel et de l'air, qui dégages l'esprit par une boisson venant de ton raisin, qui procures le sommeil pour reposer tous les membres, personne, ni par la parole, ni par le corps, n'aura un pouvoir comparable au tien; mais tu montres la vanité des choses cachées au fond des âmes des mortels. Possédant mystérieusement les mystiques esprits, ô vigne, tu feras connaître ce qui existe dans les seuls livres saints et dans les remèdes, comme aussi tout ce qui est caché dans les mystères du couteau et de la hache. Et ceci s'appellera les mystères de la vigne. » Elle a encore d'autres vertus convenables, dont il n'est pas permis de parler légèrement au milieu des mortels.

31] A partir d'ici, suivant la Cyranide, le discours sacré parle ainsi : « Heureuse reine divine, chargée de raisin divin, mère de toute la divine nature favorable aux plantes, la nature désire le raisin, et c'est de la grappe que vient le vin divin……. »

32] Après cette invocation, verse dans une coupe le breuvage dont tous boiront, puis ils partiront charmés, sans que personne ne discute.

33] Or donc, si nous voulions dire toutes les vertus de la vigne, un livre entier ne nous suffirait pas : cependant, il nous faut ajouter qu'elle est utile pour la fièvre quarte.

34] Le jus de la vigne procure les plus grandes joies. Plante-la donc partout : car il n'est pas de fêtes des dieux ou des mortels, à la fin ou à leur entrée dans la vie, ou s'élançant au sortir de l'éducation, vers l'agriculture, vers la plantation ou vers quelque autre but de la vie, qui puissent se passer de cette plante.

35] Il me reste à parler d'un mauvais démon, celui de la fièvre quarte qui est envoyé aux hommes et aux femmes par le premier décan du capricorne, qui n'est pas dompté promptement parce qu'il ne voit ni n'entend, car il est sans tête.

36] Prenant donc des raisins secs ayant quatre pépins, épluche-les avec tes ongles, et non avec ta bouche, puis tu les mettras dans un linge, en état de pureté ; suspends-les ensuite au cou du malade sans que le malade le sache, et par la grâce de Dieu, tu le guériras.

37] Et la pierre de la tête du poisson, suspendue au cou, guérit la fièvre quarte.

38] La stèle de Cyranus s'exprime ainsi sur la joie : « O plante très divine qui portes le raisin, vigne blanche, mère des plantes, douce porte-cymbale, la première d'entre les plantes de la terre. » Adresse à la coupe, ces paroles : « Evohé pour le bon vin : rends mon esprit tranquille : évohé, toi qui es fille de l'Olympe, garde mon intelligence, toi qui es généreuse, très divine et salutaire, — ΥΙ ΕΥ ΑΕ ΙΑΥΩ ΑΕ ΚΙΕΩ, — évohé. » Après avoir ainsi parlé à la coupe, verse [le vin] dans la coupe où tous boiront, et tous les amis partiront charmés, sans que personne discute.

39] Ayant donc choisi une pierre d'aétite, grave dessus un aigle : puis, sous la pierre, mets un pépin de raisin et le bout d'une aile d'aigle ou d'épervier : puis l'ayant sertie, porte-la. Elle éloignera de toi toutes les maladies dont il vient d'être question, elle te donnera de la considération et t'attirera la bienveillance des puissants, des grands et de tes supérieurs ; elle te servira encore en beaucoup de circonstances qu'il est inutile d'énumérer. Ainsi se termine la première lettre A.

LETTRE B

1] Βράυθος Sabine, plante semblable au cyprès.
Βρύσις Brysis ou corneille.
Βήρυλλος Béryl, pierre blanche.
Βύσσα Byssa, crabe.

2] L'arbrisseau semblable au cyprès, connu de Dieu, s'appelle Sabine : il est brûlé devant les dieux comme encens. Brysis, animal d'espèce commune avec la corneille, vit jusqu'à cinq cents ans. Béryl, pierre blanche bien connue, de grande valeur. Le byssa est un crabe de mer : on l'appelle byssa à cause de sa ressemblance avec les bysala. Or donc, la plante bue avec du vin fera ouvrir les plaies cancéreuses : placée sous le fœtus, elle en provoque l'expulsion, et dans la dysurie, fait uriner du sang.

3] Pour la dyspnée, l'orthopnée et l'asthme : sabine, une obole; beurre, quatre oboles; miel, deux onces : fais-en un électuaire et donne-le à boire à jeun.

4] Les yeux de crabes, portés au cou, guérissent la maladie.

5] Voici l'instinct de l'oiseau qui s'appelle la corneille : si sa femelle meurt, le mâle n'en prend pas une autre. Et la femelle fait de même. Et ils sont, à cause de cela, très utiles aux hommes. Car si un homme porte sur lui le cœur d'une corneille mâle, et sa femme celui d'une femelle, ils se traiteront avec bienveillance mutuellement toute leur vie; c'est là une merveille qui dépasse tout.

6] Prends donc un béryl, grave dessus une corneille et sous ses pattes, un crabe ; puis, enferme dessous une petite branche de sabine, un peu du cœur de l'oiseau et ce qu'on appelle l'aphrodite (κλειτορίς) du crabe et porte-le comme tu voudras.

7] Il est efficace, en effet, pour les gens atteints de dyspnée, de coliques hépatiques ou néphrétiques ; car c'est la pierre du dieu Zeus. Il donne à celui qui le porte le don de plaire, le succès dans les entreprises; il fait naître l'affection entre ceux qui se marient, ainsi que le parfait accord dans les rapports intimes, comme étant fort belle.

LETTRE Γ

1] Γλυκυσίδη Pivoine, plante, d'autre la nomment péône.
Γλαῦλος Chouette, oiseau.
Γνάθος Gnathos, pierre.
Γλαῦκος Glauque, poisson, connu de tous.

2] La pivoine est la péône : elle a reçu le nom de péône parce que c'est Péon qui l'a découverte : son fruit semble l'extrémité d'une amande : de ses graines, les unes sont fermées, les autres entr'ouvertes.

3] La chouette est l'oiseau consacré à Minerve : elle a sur la tête une couronne royale en plumes, les grands yeux du nycticorax : elle vit dans les champs.

4] Le gnathos est une pierre, dure comme la pierre molaire, semblable à une mâchoire.

5] Le glauque est un poisson de mer connu de tous.

6] Or, la plante est de deux sortes, l'une mâle, l'autre femelle.

7] Si donc la matrice d'une femme ne garde pas la semence et qu'elle veuille concevoir, qu'elle ceigne le divin fruit fermé, après l'avoir lié dans un linge de lin teint des sept couleurs, et qu'elle le porte au bas-ventre.

7 bis] Mais si tu veux empêcher la femme d'engendrer, donne-lui à manger du mouton avec de l'orge souillé avec ses menstrues, et elle ne concevra jamais. De même, éteins des charbons ardents dans ses menstrues, elle ne concevra pas. Alors enlève convenablement le charbon et

garde-le, et lorsque tu voudras qu'elle conçoive, allume-le au feu, et elle concevra.

8] Mais si elle ne veut pas concevoir, qu'elle porte sur elle de la graine de pivoine ouverte, avec de la sécrétion d'oreille de mulet, aussi longtemps qu'elle voudra [ne pas concevoir].

9] Si la femme qui enfante est dans des souffrances cruelles, et qu'il y ait du danger, ayant mis dans de l'huile de la graine ouverte de la plante, frottes-en ses reins et son bas-ventre, et elle enfantera sans douleurs.

10] Les fumigations ou les boissons de racine de pivoine écartent les démons : et si on la porte, elle chasse tous les fantômes.

11] Délaye avec un peu d'eau de mer les yeux de la chouette et du glauque, puis dépose-les dans un vase de verre. Il est meilleur par exemple de mêler leurs biles et de laisser déposer dans un vase de verre.

12] Lors donc que tu voudras essayer la puissance de la substance, écris avec l'eau de cette préparation sur une feuille de papier pure et blanche : le jour, l'écriture ne se verra pas, mais l'obscurité venue, elle se lira. Si donc [avec cette composition] tu peins sur une muraille quelque personnage, la nuit venue, ceux qui le verront se sauveront, croyant apercevoir des démons ou des dieux.

13] Si on grave sur la pierre gnathos une chouette et sous ses pattes le glauque, et qu'on la porte après avoir enfermé dessous les yeux de celui-ci, en s'abstenant de chair de porc et de toute impureté, l'obscurité venue, on paraîtra comme un homme de noble race, inspiré des dieux : pendant le jour, tout ce qu'on dira sera cru, et si on la porte au lit, on verra en songe la réalité.

LETTRE Δ

1] Δρακόντιος Serpentaire, plante.
Δενδροκολάπτης Pic-vert, oiseau.
Δράκων Vive, poisson.
Δενδρίτης Dendrite, pierre bien connue.

2] La serpentaire est une plante dont les graines ressemblent à des yeux de dragon : ses feuilles sont larges : en tout elle est malfaisante. Il y a deux espèces de serpentaires : l'une qui est sauvage et qu'on appelle herbe Saint-Jean, l'autre cultivée : la première est le lachanon sauvage, ἀγριολάχανον, l'autre le lachanon cultivé, appelé ἀρμενολάχανον. Il faut leur préférer le cholobotanos, qui a des feuilles larges, semblables à celles du platane. Des graines de cette plante, on extrait une huile rouge qui s'appelle orcolachanon et dracontia.

3] Le pic-vert est un oiseau très connu, de la grosseur d'une caille; il creuse les chênes, les sapins et les noyers, pour faire son nid dans leur tronc.

4] La vive est un poisson de mer sans écailles, avec des piquants : si elle devient trop grande, au point d'être malfaisante, les nuages l'enlèvent en l'air, la précipitent d'en haut sur les montagnes, ses membres sont mis en pièces. Sa langue est fourchue, comme une queue à plat, longue de deux doigts. Mets-la dans l'huile et garde-la. Portée par les enfants, elle éloigne d'eux les maléfices et les maladies.

5] J'ai appris cela sur les plages de la Syrie et de l'Assyrie.

6] La dendrite est une pierre connue de beaucoup; elle ressemble au corail. Elle naît dans l'Inde, dans les rochers de la mer, elle a environ six doigts de hauteur.

7] La graine de la serpentaire portée, rend la vue perçante ; elle enlève les légers maux de tête.

8] Une plume de l'aile du pic-vert, avec un peu de dendrite, guérit la migraine et les maux de tête.

9] Egalement, une plume de l'aile de l'oiseau, avec un peu de poisson, hachés et piles ensemble, portés, guérissent rapidement tous les maux de tête.

10] Afin que nous ne soyons pas dans l'erreur, à cause de l'extrême rareté de la grande vive, nous achèterons pour employer à sa place, des petites vives ayant forme de poissons, longues de deux palmes.

11] Contre les douleurs de tête, l'éléphantiasis à son début, les ardeurs, les taches blanches qui se produisent sur le corps et toutes les variétés de la lèpre si funeste, fais un onguent composé de graisse de vive et de jus de la plante et emploie-le matin et soir.

12] Si donc quelqu'un bouche avec un coin le nid du pic-vert, l'oiseau apporte une plante qu'il connaît, s'approche et l'ouvre; s'il est, en effet, fermé avec de l'argile, l'argile tombe : si c'est avec une pierre, la pierre saute : avec une planche et des clous, déclouée, la planche tombe : si c'est avec une feuille de fer et des clous, ils seront brisés, car rien qu'en touchant légèrement avec la plante un endroit, il ouvrira tout sur-le-champ et prendra son nid ; puis il jette la plante au pied de l'arbre. Si donc après avoir fermé le nid on cherche la plante, on la trouvera toujours au pied et elle sera bonne pour beaucoup de choses qu'il n'est pas permis de dire, à cause de sa nature divine, et qu'un homme ne saurait accomplir.

13] Si quelqu'un grave sur une dendrite le pic, et sous ses pattes une vive, s'il enferme dessous la plante trouvée sous le nid du pic et s'il la porte, toutes les portes s'ouvriront devant lui et il fera tomber les fers et les verrous; les bêtes sauvages se soumettront à lui et s'apprivoiseront; de tous les hommes il sera aimé et écouté; il mènera à bien tout ce qu'il désirera, et ce qu'il voudra réussira.

14] Chantez donc l'hymne en l'honneur d'Hermès Trismégiste, l'initiateur de toute sagesse, le guide des discours, le très sage dispensateur de tous les arts, le plus admirable des astres.

15] Hermès, bienheureux entre tous les Dieux ! Mortel, il vit inconnu des Dieux ! Et cependant il est de leur nature. Car qui trouvera un homme semblable? Personne ; mais on échouera. Tu instruis par une stèle : telle est sa nature. Mais porteur de la raison divine et de ses mystères, porteur de la science des Dieux, tu ouvriras les serrures, tu délieras les chaînes : tu civiliseras les bêtes sauvages, et par la volonté de Celui qui est dans les deux, tu calmeras les tourbillons des flots furieux; et tous les démons t'éviteront, et seul, entre les hommes, tu paraîtras bon à tous.

16] Nous passerons maintenant à un autre conseil. Si donc, comme il est vraisemblable, tu ne trouves pas la plante après l'ouverture du nid, mets sous la pierre gravée l'extrémité de la plume de l'aile de l'oiseau et son cœur, un grain de semence de serpentaire, de la pierre ou de la moelle de vive. Cette préparation procure une vue perçante à celui qui la porte, guérit les maux de tête et procure le bien-être à la tête et aux yeux de celui qui la porte. Puis, elle le rend heureux dans ses entreprises et redouté de tous les hommes.

LETTRE E

1] Εὔζωνος Roquette, plante, appelée aussi tzantyra.
Εὐβοή Euboé, oiseau qui est le rossignol.
Ἐχῖνος Oursin, espèce de poisson.
Εὔανθος Evanthus, pierre.

2] La roquette est un légume qui se mange, connu de tous. L'euboé est le rossignol, oiseau connu de tous. L'oursin de mer est connu de tous. L'evanthus est une pierre de toutes les couleurs ; elle est consacrée à Aphrodite, parce qu'elle est polychrome.

3] La roquette est échauffante. Une erreur existe chez beaucoup de personnes qui ne connaissent pas la nature de chaque plante. Or, les prêtres mangent la roquette, la rue, le gattilier, pour être chastes. Car la roquette verte éteint les désirs sexuels et ne permet pas les fréquents rapprochements intimes, ni les fréquentes érections, ni les pertes nocturnes. C'est pour cela que les prêtres qui sont aux sanctuaires en mangent souvent et, grâce à elle, n'ont pas d'idées impudiques.

4] Graine de roquette, quatre onces ; poivre, quatre onces : pris matin et soir avec du miel, la valeur de deux doigts, procureront l'érection.

5] Si l'âge s'avance et que le membre soit affaibli, fais ceci : graine de roquette, seize onces; cumin, huit onces; poivre, quatre onces; graine de pourpier, deux onces : broyé le tout avec du miel et fais prendre soir et matin. C'est incomparable.

6] Les yeux et le cœur du rossignol suspendus à un lit donnent des insomnies à ceux qui y sont couchés.

7] Si, après les avoir broyés, on les donne secrètement à boire à quelqu'un, il mourra sans pouvoir dormir et il n'y a pas de conjuration possible.

8] Si, après l'avoir broyé, tu donnes aux épileptiques le nombril de l'oursin, aussitôt ils seront soulagés; mais seulement, donne-le très souvent, avec du miel.

9] Grave sur la pierre evanthus, toute dorée, Aphrodite sortant de l'onde, avec ses cheveux tout mouillés : mets sous la pierre la racine de la plante et la langue d'un rossignol : puis après l'avoir sertie, porte-la : tu seras aimé et connu de tous, et agréable non seulement aux hommes, mais aux démons, et tout animal sauvage te fuira.

LETTRE Z

1] Ζμῖλαξ Smilax, plante.
Ζῶκος Sarcos, oiseau.
Ζμύρνα Murène, poisson.
Ζμάραγδος Émeraude, pierre précieuse verte, de grand prix, venant de Perse.

2] Le smilax est une plante très vigoureuse, comme le lierre; si quelqu'un en met sur la tête d'une femme dont la couche est laborieuse, elle accouchera sans douleur.

3] Si une femme, pendant ses menstrues est prise de malaises et de douleurs, mets-lui la plante autour de la ceinture, et ses menstrues viendront sans douleur.

4] Si après avoir mélangé un grain de jus des feuilles de la plante et une once de miel, tu les donnes à un hydropique, il se videra sans danger. Une femme qui en aura pris, aura une hémorragie.

5] Le sarcos est un oiseau ; les uns le nomment zogion, les autres, harpie. C'est une variété du vautour blanc qui mange les cadavres. La murène, poisson de mer, est connue de tous. L'émeraude est une pierre connue de tous.

6] Si tu donnes à manger à quelqu'un dans sa nourriture l'intérieur de la harpie, cette personne, après l'avoir absorbé, éclatera en mangeant; car elle sera insatiable.

7] Si tu donnes le gros intestin de l'oiseau, broyé, à boire, ou cuit, à manger, à quelqu'un atteint de coliques, il sera rapidement guéri.

8] Sa graisse en liniment avec de l'huile de murène mâle, chasse la fièvre quarte; sa fiente, en onguent avec du vinaigre, diminue la lèpre; son foie, prie en telle quantité qu'on voudra, trouble les intestins.

9] L'émeraude est une pierre verte d'un grand prix. Grave donc sur l'émeraude une harpie, sous ses pattes une murène, enferme sous la pierre de la racine de la plante et porte-la contre les visions délirantes, les frayeurs et tout ce qui affecte les lunatiques; elle guérit aussi les coliques. Elle sera meilleure si on y joint de la graisse de murène. C'est une amulette divine.

LETTRE H

1] Ἡρύγγιος Eryngium, panicaut, plante.
Ἡλίου ζωή Vie du Soleil, le phénicoptère.
Ἡφαιστίτης Héphestite pierre.
Ἡδονίς Hédonis, que d'autres appellent anchois.

2] L'eryngium est une plante épineuse qui pousse comme un roseau; on la nomme également gorgonios. Voici sa vertu : celui qui porte sa racine n'aura pas à subir les ruses du démon.

3] Si quelqu'un a l'Esprit de l'air (?), on placera sous ses vêtements la racine de la plante et il avouera quel il est, d'où il vient et d'où il a été chassé comme étant étranger.

4] La plante entière avec ses racines, prise en infusion dans l'eau avec du miel, apaise les coliques.

5] Si tu la fais bouillir avec du vin miellé et que tu la donnes à boire à ceux qui ont ou la pierre, ou une rétention d'urine, ou des coliques néphrétiques, tu guériras leur maladie. Qu'ils en boivent pendant seize jours, le matin au lit ; si tu la fais cuire avec de l'écorce de grenadier, tu leur feras encore plus de bien.

6] Si après l'avoir fait bouillir, tu fais manger secrètement le phénicoptère, c'est un meilleur remède que l'oursin.

7] L'hédonis de mer, qu'on appelle anchois, mangé fréquemment, guérit le» ulcères qui se forment dans les reins.

8] Si sur la pierre héphestite, appelée aussi pyrite, tu graves un phénicoptère, et près de ses pattes un scorpion, et que sous la pierre tu mettes un peu de la racine de la plante, tu auras un phylactère contre tous les animaux venimeux ; il chasse aussi les apparitions nocturnes ; il fait aussi du bien aux gens atteints de la pierre, il écarte également toutes les fascinations.

9] Hymne. — Le fils de Cronos, lui-même, veille à la vigueur des pauvres et chétifs mortels ; il donne la lumière aux astres, produit sur terre l'or et l'argent et fait disparaître la maladie et la cruelle pauvreté imposée par une Nécessité malfaisante. Étant bon, il ne donne pas la mort. Mais il commande, sous l'empire de la Nécessité, à la terre tout entière et au ciel étoilé : il conduit les humains avec le fouet du Destin et tout puissant, les étreint sous l'influence de la Nécessité. Un fils de Kronos, le chef, fut entraîné dans le monde par les immortels tourbillons, traversant les cercles célestes dans lesquels toutes choses se meuvent de l'Orient à l'Occident, autour des Ourses aux sept étoiles : qu'il suffise à ton âme de demander, dans le temps qui fuit, ce qui lui peut venir en aide : car aussitôt après l'enfantement, quoiqu'ayant connu Dieu directement dans l'air et dans les nuages, exilée dans le corps qu'elle doit habiter, elle a souffert la maladie.

Oh ! bienheureuse âme immortelle, dans le lieu où tu es, apaise la souffrance d'un corps qui est tien. Ne te donne plus la peine de rechercher ce qu'est le ciel, ce qu'est l'eau, le feu, ce que sont les astres brillants, les ténèbres indicibles qui sont au-dessus des Dieux eux-mêmes, la sphère roulant d'Orient en Occident, le cyclone incessant des vents qui, en agitant tout, amène l'incandescence de la mer et brisant les profondeurs du ciel avec des bruits de tonnerre, produit le feu de l'éclair, la pluie, l'impétuosité des eaux douces : car Géa, nourrice de toutes choses, détient dans son sein divin tout ce qui naît dans son sein terrestre, les racines des plantes, filles fleuries de la terre, qu'elle enfante autour des quadrupèdes, des oiseaux, des poissons, tout ce qui se trouve dans les cavités, en un mot, tout ce qu'on voit parmi les mortels, et qui leur est utile.

10] Mais c'est assez de préliminaires : j'exposerai maintenant en prose, en détail, et je ferai connaître les oracles de l'âme. J'ai dit ce qu'on voyait : d'autres choses existent, puissent-elles être indiquées ! Or, j'ai dit ce qui se rattachait à la gnose et aux êtres qui dépendaient d'elles.

11] La huppe. Il est un oiseau qui vole dans l'air, qu'on appelle la huppe : sur la tête, il a une crête des sept couleurs, de deux doigts de longueur, qui se dresse et se rabat. L'oiseau est de quatre couleurs, pour ainsi dire, par rapport aux quatre saisons de l'année. Cet oiseau s'appelle aussi cucupha ou puppa, ainsi qu'il est écrit dans le premier livre, appelé l'Archaïque. Or, cet animal est sacré.

12] Ayant donc pris le cœur de la huppe encore palpitant, mange-le juste au début de la première heure du soleil ou de la huitième, et que ce soit le jour de Saturne, la lune étant à son lever ; bois sur l'heure du lait d'une vache noire avec un peu de miel, suivant la formule qui va être donnée, afin que le cœur soit avalé sainement ; et tu connaîtras alors les choses du ciel et de la terre, le fond de l'âme des autres, ce qui se passe chez les peuples comme dans les villes et la destinée de tous les hommes. Voici donc la formule du miel.

13] Miel, un cotyle et demi ; pierre d'aimant vivante très pulvérisée, deux onces; sept cœurs de panicaut : délaye le tout avec du miel. Procure-toi une autre pierre d'aimant sur laquelle aura été gravé l'oiseau : il faut la plonger dans la composition. Si tu veux savoir quelque chose, goûtes-en la valeur d'un doigt, mets sur toi l'aimant gravé, porte-le au cou, et tu sauras d'avance tout ce que tu voudras.

14] Si tu mets dans la composition un autre cœur et un foie de huppe, elle sera meilleure et te donnera encore plus de mémoire ; mais afin de conserver sain le corps de celui qui a mangé le miel ou avalé le cœur (car d'ordinaire il surgit une infinité de poux), il faut d'abord se frotter avec l'huile suivante : huile, un cotyle; staphisaigre (herbe aux poux) finement pulvérisée, deux onces : après avoir bien pilé et bien unifié, mets de côté, prêt à servir ; et lorsque la t'en serviras, frotte-toi avec dans ton lit.

15] Question posée au philosophe. — Dis-moi, que penses-tu, l'âme est-elle immortelle ou mortelle? — Et il répond : beaucoup d'esprits grossiers se trompent sur l'intelligence de l'immortalité de l'âme ; celle-ci se prouve elle-même. Car, pourquoi, lorsque le corps se repose sur un lit, l'âme s'élance-t-elle dans sa propre patrie, c'est-à-dire dans l'air, d'où nous l'avons reçue, et d'où elle voit ce qui se passe dans d'autres régions ? Souvent, par amour pour le corps qu'elle habite, avant le temps, elle prédit les choses bonnes et leurs contraires, c'est ce qui s'appelle le rêve : puis de nouveau, elle se hâte vers sa demeure, et, au réveil elle explique le même rêve. Par là, vois avec évidence que l'âme est immortelle et incorruptible. Ayant ainsi parlé, Harpocration termine ici cette lettre.

16] Mais Cyranus, tantôt en désaccord, tantôt d'accord avec lui, continue au sujet de la dégustation de la huppe. Il dit, qu'en ayant goûté, il connaît ce qui se passe dans le monde : et voici comment.

17] Comme il est très difficile de se procurer l'extrémité de la racine du panicaut et sa tête, si tu veux l'obtenir facilement, agis de cette façon : prends de la graine de panicaut et de la terre dans laquelle il pousse, mets terre et graine dans un pot, arrose neuf fois et lorsque la plante aura poussé et sera mûre dans le pot comme les autres panicauts, alors étant pur et à jeun, cherche dans le pot, comme il convient, et tu trouveras la tête du gorgonios l'ayant enlevée, garde-la prête pour le moment où tu en auras besoin.

18] Prenant donc à un phoque marin les poils qui sont entre ses naseaux et sa gueule, une pierre de jaspe vert, le cœur et le foie d'une huppe, une petite racine de panicaut, une racine de pivoine (peône), de la graine de verveine, du sang cosmique du chrysanthème (cf. Lettre X), la pointe du cœur d'un phoque, puis de la crête qui se trouve sur la tête de la huppe, tu auras ainsi la meilleure de toutes les formules ; lorsque tu auras enroulé le tout avec un peu de musc autour des quatre parfums, mets-le dans une peau d'ichneumon, ou de phoque, ou de jeune faon, ou de vautour, et porte-le en état de pureté. Et si tu dores la surface, ce sera mieux : car tu réussiras dans tout ce que tu voudras, tu seras aimé de tous les hommes et de toutes les femmes : tu paraîtras redoutable, pacifique et bienveillant : tu soumettras toutes les bêtes sauvages et tu te feras des amis de tes ennemis.

19] Si tu ajoutes aux choses qui viennent d'être énumérées l'œil droit d'un loup, et que tu les portes, tu seras enviable en tout, victorieux en toute affaire, sûr du succès, car le démon et toute bête sauvage te fuiront, en tout tu réussiras et tu seras protégé contre la maladie.

20] Quant à moi, j'y ai ajouté de la présure de phoque, j'ai vaincu tous mes adversaires et je suis demeuré invincible; car celui qui porte ce phylactère aura des biens qu'il n'espère pas recevoir de Dieu. Partout il sera honoré, victorieux en actes et en paroles, protégé contre tout danger, contre le démon, les poisons et les maléfices, et pour tout dire, ce phylactère détourne tous les maux et procure tous les biens. Il fait aussi connaître ce que Dieu seul connaît avec toi. C'est ainsi que Cyranus termine cette lettre.

LETTRE Θ

1] Θύρσις Grande sauge, plante.
Θύρ Faucon, oiseau.
Θυρσίτης Thyrsite, pierre semblable au corail.
Θύννος Thon, poisson de mer.

2] La sauge est la plante consacrée à Bacchus : c'est un arbrisseau bon à tout. Le faucon est un oiseau semblable à l'épervier de mer, actif, divin. La thyrsite est une pierre semblable au corail. Le thon est un poisson de mer, bon à manger, semblable au palamyde; il est grand et bien connu.

3] La sauge sclarée est une plante consacrée à Bacchus : son thyrse est mis au pressoir par les Ménades dans les fêtes de Bacchus ; c'est une plante de la terre qui pousse pour le plaisir des hommes. Et maintenant, je dirai ses vertus puissantes dans le vin, qui la rendent si nécessaire aux hommes dans les pressurages : j'en ferai l'énumération plus tard en prose. Or, que la terre sache cela.

4] Si quelqu'un broyé quatre parties de cette plante, et quatre de la pierre, en prononçant la formule dionysiaque, et qu'il jette le tout dans un vase de vin, où chacun boira un seul verre, tous ceux qui auront bu s'en iront, comme enivrés et reconnaissants en disant : á Seigneur, tu nous as fait bien plaisir. »

5] Si tu jettes dans le vin l'œil droit d'un thon, en prononçant le nom de

Bacchus et ces paroles : « Que les amis réunis en cercle, qui boivent ici, s'en aillent reconnaissants et heureux », il en sera ainsi.

6] Si tu coupes, avec un couteau tout en fer, l'aile de l'épervier et que tu la jettes dans le vin en prononçant la formule dionysiaque et ajoutant : « Seigneur » fais lever les convives couverts de sang, et qu'ils se frappent mutuellement », la chose arrivera.

7] Si après avoir gravé sur une thyrsite un épervier et l'oiseau tenant un thon, tu renfermes sous la pierre la racine de la plante et si tu la portes, tu ne t'enivreras pas, et pour tous tu seras rempli de charme ; avec elle, on est à l'abri du danger et invincible devant les tribunaux. Or, la formule dionysiaque est celle-ci : « Ei, eïris; (en abrégé) Christ-Jésus, évohé, oioo : a e i i l ». Et le véritable nom est Iosu : Ioôb. Ainsi parle Harpocration : quant à Cyranus, voici ce qu'il dit : « Eïa Bacchus, eïuleu Dionysos. »

LETTRE I

1] Ἰτέα Saule, arbre.
Ἴασπις Jaspe, pierre verte.
Ἰκτίς Milan, oiseau.
Ἰούλης Girelle, poisson.

2] Le saule est un arbre connu de tout le monde, qui ne porte pas de fruits!

3] Le jaspe est une pierre bien connue.
Milan, oiseau connu de tous.

4] La girelle est un poisson de mer, petit, multicolore, facile à trouver, que quelques-uns appellent petite aiguille.

5] Broyé des feuilles vertes de saule, fais-en un cataplasme avec un peu de sel et de salive, pour ceux qui souffrent de la rate. Fais bouillir l'écorce avec de l'oxymel et donnes-en à jeun deux ou trois cuillerées : réduis au tiers la décoction ; donnes-en ensuite à chacun, suivant sa force.

6] Sur une pierre de jaspe, grave un milan déchiquetant un serpent, et sous la pierre, mets la pierre de la tête de la girelle ; puis, l'ayant renfermée, fais-la porter sur la poitrine : elle calmera tout mal d'estomac et permettra de beaucoup manger en digérant bien. Elle a encore d'autres vertus : porte-la sur la poitrine et tu verras.

LETTRE K

1] Κιναίδιος Cinédios, plante, poisson, pierre, oiseau.

2] Le cinédios est la verveine rampante, consacrée à Aphrodite.

3] Le cinédios est l'oiseau qu'on appelle bergeronnette ou hochequeue, parce qu'il remue continuellement la queue qui est plus longue qu'il ne faut. C'est l'oiseau auquel s'adresse ce vers de Théocrite :

Bergeronnette, ramène vers ma demeure mon bien-aimé.

D'autres appellent bergeronnette attique, un petit oiseau bon à manger, remuant le cou comme la caille, ainsi que le dit Harpocration. Il a trois pierres autour du cou et une longue langue ; il est consacré à Aphrodite.

4] Le cinédios, poisson de mer, est long de dix doigts : sa tête est plate comme celle de la baveuse : c'est un petit poisson rond, dont le corps est transparent au point que Ton voit au milieu son épine dorsale, comme à travers une pierre spéculaire : il abonde sur le littoral de la Syrie, de la Palestine et de la Libye. Ce poisson a deux pierres, qui ont des effets différents comme on va le dire dans la suite : elles sont dans sa tête. Il a une autre pierre dans la troisième vertèbre de l'épine dorsale, du côté de la queue : elle est très puissante et recherchée dans la ceinture de Vénus.

5] La pierre cinédios était inconnue à cause de la difficulté de la distinguer : c'est celle qui s'appelle obsidienne : c'est la pierre de Saturne. Elle est de deux espèces : l'une est mate et noire, l'autre noire aussi, mais brillante comme un miroir. C'est cette dernière que beaucoup désirent, et ils ne la connaissent pas, car c'est la pierre du serpent.

6] Si quelqu'un fait brûler un peu de la plante avec de la fiente de vautour, sous un citronnier, l'arbre perdra ses feuilles.

7] Si on place la plante sous l'oreiller de quelqu'un, pendant sept jours, il n'aura pas d'érection pour le commerce intime.

8] Si tu en donnes à un coq avec de la farine d'orge, il ne chaussera pas sa femelle.

9] Si tu prépares en boisson ou en aliment la pierre de la troisième vertèbre du poisson cinédios, celui qui aura absorbé la pierre sera reconnu, le même jour, fornicateur.

10] Si on la donne à manger à un coq avec de la farine d'orge, les autres coqs le chausseront furieusement, et à quelque autre animal mâle que ce soit, il ne saura résister.

11] Si donc tu prends celle pierre avec un être semblable, il te servira comme de femelle : voilà réellement ce que produit la pierre.

12] Celui qui portera la langue de l'oiseau sur une feuille d'or, charmera tous les hommes et sera aimé d'eux.

13] Le croupion de l'oiseau donné secrètement à un homme ou à un autre être mâle, l'efféminera et il remplira l'œuvre des femelles.

14] L'œil droit, porté sous un saphir sans taches, sur lequel est gravée Aphrodite, rendra celui qui le porte plein de charme, le fera comprendre de tous les hommes et lui fera gagner tous ses procès. L'œil gauche, porté par une femme, produira les mêmes effets.

15] Le sang de l'oiseau, mêlé à n'importe quel collyre et employé en liniment, produit la suffusion.

16] Son cœur, porté au déclin de la lune, guérit de la fièvre tierce et de la fièvre quarte.

17] Le cerveau de l'oiseau, donné secrètement dans les aliments ou dans les boissons, calme la céphalalgie incurable.

18] Son foie, dans du sel et de l'eau, guérit la maladie du foie.

19] Première ceinture d'Aphrodite, la grande déesse, ceinture très puissante et changeant les natures des hommes et de tous les êtres, et aussi les pensées des mâles, principalement des hommes, au point que celui qui la touche ou la porte, s'efféminé et devient une femme.

20] Grave encore sur une opsiane un homme châtré, ayant à ses pieds ses parties génitales, les mains pendantes et regardant ses parties ; en arrière, derrière lui, dos à dos, grave Aphrodite, qui se détourne et regarde de son côté; mets dessous la pierre du poisson cinédios. Et si tu ne possèdes pas une des pierres de la tête, remplace-la par la racine de la plante et l'extrémité de l'aile gauche de l'oiseau. Renferme-la dans une large botte d'or; place-la dans une courroie faite de nerfs du ventre de l'épervier, afin qu'elle soit mollement; couds-la au milieu de la courroie, afin qu'elle ne soit pas visible. Ceci est la courroie peinte ou modelée autour de la tête d'Aphrodite comme diadème, ce qu'on appelle sa ceinture.

21] Si un mâle est touché par la ceinture, il n'aura pas d'érection ; s'il la porte sans le savoir, il sera efféminé.

22] Si quelqu'un goûte la pierre du poisson, il deviendra tout à fait pédéraste et il ne pourra revenir aux rapports naturels.

23] Si une femme porte cette ceinture, aucun homme ne pourra avoir de rapports avec elle, car il n'aura pas d'érection. Or, la mesure de la ceinture doit être celle-ci, deux doigts de largeur et cinq palmes de longueur.

24] Il est un autre objet d'Aphrodite que portent les reines et tous ceux qui le peuvent également, et il se place dans une ceinture faite de nerfs, de manière qu'on ne voie pas les pierres, gravées comme il suit.

25] D'abord, au milieu de la ceinture, il y aura une lychnite ou une céraunie qui portera la gravure de Mars armé; puis, cousus à droite et à gauche, deux adamas ayant la gravure d'Aphrodite avec des épines ou des roses sous les pieds; ensuite, de chaque côté, deux pierres rouges sans taches, représentant Aphrodite, attachant ses cheveux et Éros a côté d'elle ; puis, deux autres pierres, également de chaque Côté, des cornalines, portant en gravure, l'une, le soleil sur un quadrige, l'autre, la lune au dessus de deux taureaux; puis, deux autres pierres de chaque côté, représentant Mercure tenant le caducée de la main droite ; puis, deux ananchites en forme de perles planes de chaque côté, ayant Némésis debout, un pied sur une roue et tenant une verge ; enfin deux autres perles sans taches, sans gravures, fixées des deux côtés de la ceinture, de telle sorte que les pierres soient au nombre de treize, et que les pierres gravées, ainsi cousues dans des baies d'or, sur la ceinture, ne puissent être vues.

26] Il existe encore une courroie qu'on fait double, et l'autre pierre qui doit l'accompagner se porte autour du cou. C'est la sélénite, dans laquelle on voit la lune croissant et décroissant. La pierre porte gravée la lune, «t au dessous de la pierre dans une capsule d'or, il faut mettre de la racine de persil. Cette courroie se porte autour du cou.

27] Cet objet mystérieux, porté sur soi, donne à celui qui le porte l'inspiration divine et le rend digne d'être honoré et vénéré par tous. Et beaucoup de-rois le portent sous leurs vêtements, ou comme un bandeau à l'intérieur de leur diadème, afin que personne ne le voie.

28] On dit que la sélénite, portée au doigt, produit les mêmes effets.

29] Mais pour ne pas allonger ce livre, arrêtons maintenant notre discours, puisque les plus grandes vertus sont citées ici. Aussi, ayant traduit avec beaucoup de labeur et de fatigue d'esprit tout ce que je viens de dire, je l'ai écrit pour toi. Connais donc ce que personne d'autre ne possède. Aussi, ne communique à personne, mon enfant, ce mystère divin.

LETTRE Λ

1] Λίβανος L'arbre à encens, plante.
Λύγγουρος Lyngurium, pierre.
Λώβηξ Lobex (?), oiseau.
Λάβραξ Loup de mer, poisson de mer et de rivière.

2] L'arbre à encens est un arbuste dont la sève, lorsqu'on la fait brûler, excite l'inspiration divine.

3]. Le lyngurium tire son nom de l'urine du lynx : d'autres disent que ce sont les larmes du peuplier noir : c'est une bonne pierre.

4] Le lobex est le même oiseau que le vautour, animal très vigoureux.

5] Le loup de mer est un poisson connu de tous. De Ce poisson, on prépare un collyre mou tout à fait divin pour toutes les amblyopies, tel, qu'en trois jours, la vue redevient perçante. Il est excellent pour les débuts des suffusions et les membranes qui se forment sur les yeux, pour les taches nuageuses des yeux, les brouillards, les myopies, les aspérités internes des paupières, les mydriasis, les nyctalopies, les hydatides, les inflammations des paupières, les ophtalmies sèches, la chute des cils, les ulcérations du conduit lacrymal. Appliqué en liniment, il est souverain pour toutes ces maladies.

6] Préparation : encens mâle, neuf oboles; ambre, deux oboles; fiel de vautour, six oboles; tout le fiel d'un loup de mer ; poivré, trois oboles; miel de l'Hymette, soixante-seize scrupules: en vieillissant, l'onguent devient meilleur.

7] Le collyre, d'après Cyranus, doit être ainsi composé : encens mâle, pierre lyngurium, chacun deux oboles; fiel de vautour, six oboles; poivre, trois onces, miel non enfumé, trois onces.

8] Sur l'ambre, grave un vautour, mets dessous un peu d'encens et le bout, de l'aile de l'oiseau, puis porte-le. Il est bon pour l'amblyopie et les suffusions.

LETTRE M

1] Μορέα Mûrier, plante.
Μυγερός Engoulevent, oiseau.
Μηδικός Médique, pierre.
Μόρμυρος Spare, poisson.

2] Le mûrier est une plante connue de tous.

3] L'engoulevent est le corbeau de nuit, connu de tous.

4] La médique est une pierre consacrée à Aphrodite.

5] Le spare est un petit poisson de mer, bon à manger.

6] Le suc de la racine de mûrier, donné secrètement comme aliment ou comme boisson, purge et amène la diarrhée : si quelqu'un mâche un peu de l'écorce intérieure de la racine, avale sa salive et rejette l'écorce, il courra risque d'avoir la diarrhée.

7] Il est utile contre les plus vives douleurs des molaires et des gencives, et il ne permet pas aux grosses dents de se carier, mais il fait aussi disparaître les maux de celles déjà gâtées : écorce interne de la racine, deux oboles (dans d'autres manuscrits trois) ; ricin incorruptible, trois oboles; vinaigre très bon, deux cotyles : après avoir mis en petits morceaux, fais bouillir jusqu'à réduction à une cotyle. Avec l'infusion, tu te laveras la bouche matin et soir. Nous avons appris cela d'une puissance divine.

8] Des branches du mûrier, les unes pointent en haut, les autres en bas; elle» ont l'extrémité en forme de cœur et transparente.

9] Si donc quelqu'un, se tenant debout au pied de l'arbre, tourné vers le vent du sud-ouest, étend avec deux doigts de la main gauche vers le soleil levant, l'extrémité d'une des petites branches tournées vers le haut, puis entoure de vraie pourpre les hanches d'une femme qui a une hémorragie, soit de l'utérus, soit de l'anus, la perte de sang sera arrêtée en trois jours.

10] Si quelqu'un, se tenant debout, comme il vient d'être dit, étend l'extrémité d'une des petites branches tournées vers le bas, et en frotte quelqu'un qui crache le sang, le flux s'arrêtera également en trois jours.

11] C'est ce qu'on appelle les anacardes : celles qui sont tournées vers le haut, guérissent les hémorragies inférieures, dans le même nombre de jours, celles qui sont tournées vers le bas, les hémorragies supérieures : aussi pour les hémorragies, on les appelle anacarde et calacarde. Et là-dessus, beaucoup de faux savants sont dans l'erreur.

12] Pour les hémorroïdes intestinales, appelées exochades (externes), remède incomparable : fruit vert du mûrier, deux oboles; chalcitis, deux oboles; pierre médique, quatre oboles; extrémités des plumes de l'aile de l'engoulevent brûlé, sept : prépare dans un peu de vin, avec une plume de l'aile du même engoulevent, jusqu'à consistance visqueuse.

13] Pour les hémorroïdes internes, on l'emploie en lavement : pour les hémorroïdes externes, en liniment, en employant en même temps la bandelette convenable.

14] Sur une pierre médique, on gravera le spare, on l'enfermera dans une botte de fer et dessous on mettra une des petites branches du mûrier tournées vers le haut. On la portera pour les hémorroïdes et pour les maladies du fondement.

15] Si tu enfermes dessous une des petites branches tournées vers le bas, ce sera un phylactère contre les crachements de sang et les hémorragies nasales, les hémorragies et les hémorroïdes de la partie supérieure du corps.

16] On prépare aussi un purgatif avec la racine de mûrier.

17] Hymne. — O mûrier ! plante merveilleuse, à combien ne sers-tu pas? Car ton suc peut être mêlé en égale quantité à la décoction de millefeuilles, au suc d'euphorbe et de scammonée. Lorsque le mélange, fait par parties égales, est complet, il faut y ajouter le triple de miel, puis, en faire sur le feu une préparation jusqu'à consistance de cérat mou, et le mettre dans un vase dé verre; alors donnes-en une obole au malade, que tu auras auparavant soumis à une diète absolue.

18] Mais si tu en donnais plus que la grosseur d'un haricot, celui qui l'aurait absorbé, pris de choléra, ne vivrait pas un jour.

19] Ne donne donc rien de trop en boisson ou en aliment, mais à chacun suivant sa force.

LETTRE N

1] Νεκύα Nécya, plante.
Ναυκράτης Pilote, poisson.
Νῆσσα Frégate, oiseau.
Νεμεσίτης Némésite, pierre.

2] La nécya est la molène : il y en a sept espèces : on dit que ses feuilles s'élèvent de terre d'une coudée. Ses feuilles brûlent dans les lampes comme des mèches. Comme les nécromanciens la tiennent dans les opérations qu'Us font dans les bassins, on l'appelle nécya.

3] La frégate est un oiseau qui nage sur les flots, il est de la grosseur d'une poule.

4] Le pilote est un poisson de mer, c'est l'échénéis. S'il se fixe à un navire bien gréé, il ne lui permet pas de se déplacer, à moins qu'il ne soit détaché de sa carène. Ce poisson, cuit tout entier dans l'huile jusqu'à consistance de cire, puis purifié de l'huile, employé en cataplasme lorsqu'il a consistance de cire, guérit la goutte.

5] La némésite est une pierre enlevée à l'autel de Némésis : c'est une pierre puissante.

6] On gravera donc sur la pierre, Némésis debout, le pied sur une roue : elle a l'aspect d'une vierge tenant dans sa main gauche une coudée, dans sa main droite une verge. Tu mettras sous la pierre l'extrémité de l'aile d'une frégate et un peu de la plante.

7] Si donc tu présentes cet anneau à un possédé, aussitôt le démon se dénonçant lui-même, s'enfuira.

8] Porté autour du cou, il guérit aussi les lunatiques.

9] Il agit également contre les fantômes que le démon amène pendant la nuit, les frayeurs des enfants et les mauvaises rencontres nocturnes.

10] Cet anneau indique à celui qui le porte le nombre des années qu'il a à vivre, le genre et le lieu de sa mort.

11] Il faut que le porteur s'abstienne de toute mauvaise action.

12] Si tu couds quelques arêtes d'échénéis dans de la peau de cheval, que tu les portes sous tes vêtements ou que tu les caches en montant sur un vaisseau, celui-ci ne pourra naviguer, à moins que ce qui a été déposé ne soit enlevé ou que tu ne sois sorti du vaisseau.

13] Quant à la prescience de la vie et de la mort, comme je l'ai dit un peu plus haut, il faut la demander à la dégustation de l'épervier.

LETTRE Ξ

1] Ξίφιος Glaïeul, plante.
Ξίφιος Xiphios, pierre.
Ξίφιος Faucon, oiseau.
Ξίφιος Xiphios, poisson.

2] Le glaïeul est une plante qu'on trouve sur toute la terre ; ses feuilles ressemblent à celle du blé, plus allongées. Elle pousse dans les terres de labour avec le blé ; les uns l'appellent mâchera (couteau), les autres phasganon (poignard). Elle s'élève droite de terre, à la hauteur d'une coudée, elle n'a qu'une tige. Sa fleur est d'un bleu foncé, odorante, tirant sur le pourpre. Les bergers la tressent, au printemps, pour s'en faire des couronnes.

3] La pierre xiphios est connue de tous; elle est répandue partout, comme les cailloux; sa couleur est bleue; on la trouve surtout en Cappadoce et à Nazianze. En Assyrie, on la réduit en poudre et on s'en sert comme parfum à brûler dans les sacrifices de quadrupèdes.

4] L'oiseau xiphios est un épervier commun, celui qu'on appelle faucon.

5] Le xiphios est semblable a la girelle, multicolore, plus petit et menu.

6] Si tu mets dans une certaine quantité d'huile la fleur et la racine de la plante et que tu laisses reposer quelque temps, en raclant le dépôt, tu obtiendras un parfum dont font mention les livres sacrés, appelé suivant eux sousinon dans la terre de Mélanide ; ce en quoi les anciens prophètes se trompent. Dans le pays des Assyriens la plante s'appelle sousanon et en Mélanide sounon.

7] Cette plante a deux racines, l'une sur l'autre. Si l'on broie la racine supérieure et qu'on la donne à boire avec du vin, elle excite aux rapprochements sexuels : si quelqu'un boit la racine inférieure, au contraire, il deviendra impuissant.

8] Grave donc sur la pierre un épervier et sous ses pattes le poisson ; enferme sous la pierre la racine de la plante et conserve-la. Cet anneau est chaste, ainsi que le précédent.

9] Si donc tu le gardes sur toi, il t'aidera dans ce que tu voudras.

10] Et si tu le places sur un animal ou sur une statue consacrés aux dieux, l'oracle te répondra ce que tu voudras apprendre de lui.

11] La tête du poisson, brûlée avec de la myrrhe, provoque un transport divin (démoniaque) chez ceux qui en respirent l'odeur.

12] Mais toi, frotte-toi les narines avec de la myrrhe forte et tu ne seras pas atteint de ce transport.

LETTRE O

1] Ὀνοθρύσις Guimauve, plante.
Ὄρτυξ Caille, oiseau.
Ὄρφος Orphe, poisson.
Ὀνυχίτης Onyx, pierre connue dé tous.

2] L'onothyrse est une plante : les uns l'appellent onothoure, les autres mauve d'âne. C'est une sorte de rose dont les Grecs font des couronnes pour les fêtes des dieux. Les feuilles ressemblent à celles de la mauve cultivée ; les Grecs l'appellent althea.

3] La caille est un oiseau connu de tous. La nature de la caille n'a pas été facile à découvrir, pas plus que son origine ; car lorsque les mauvais temps durent longtemps dans les contrées désertes de la Lybie, la mer rejette sur les rivages les plus grands thons ; ceux-ci produisent au bout de quatorze jours des vers, qui se transforment et deviennent comme des mouches, puis des sauterelles, grandissent et deviennent des cailles. Puis, lorsque s'élève le Notus (vent du sud) ou le vent du sud-sud-ouest, elles traversent la mer, se dirigeant vers la Pamphylie, la Cilicie, la Carie, la Lycie, et de nouveau, lorsque souffle le vent du nord, elles s'envolent vers les régions maritimes des pays d'Assyrie et les autres parties de la Mélanitide. Mais, ceux qui ne sont pas initiés à l'intelligence des choses disent qu'elles sont sacrées, ignorant leur nature et ne connaissant pas leur principe.

4] L'orphe est un poisson de mer bien connu de tous et bon à manger.

5] L'onychite appelée aussi sardonyx, est une pierre connue de tout le monde.

6] La racine de la plante, cuite dans l'huile avec de la graisse de caille, puis mélangée de cire, agit contre les squirres de l'utérus, les phlegmons, les plaies, les ulcères et toutes les affections du sein de la femme ; on la mêle à l'huile de roses et elle agit sur les ulcères malins.

7] Les yeux de la caille, appliqués avec la racine de la plante, mettent fin aux fièvres quotidienne et tierce, s'ils sont appliqués au déclin de la lune.

8] Ayant délayé dans un peu d'eau les yeux de la caille ou de l'orphe, mets-les pendant sept jours dans un vase de verre, ensuite jette dessus un peu d'huile, puis mets-en dans une lampe. Si tu en enduis seulement la mèche, et que tu l'allumes, en l'approchant de gens attablés, ils se verront comme des démons couleur de feu et se lèveront pour s'enfuir.

9] Grave donc sur une onychite une caille et, sous ses pattes, une orphe : place sous la pierre un peu de la préparation susdite, et personne ne te verra, quand même tu emporterais quelque chose : enduis ton visage avec la composition, porte l'anneau, et personne ne te verra, quand bien même tu emporterais ou que tu ferais quelque chose.

LETTRE Π

1] Πολύγονος Polygonum, plante.
Πορφύριον Porphyrion, oiseau.
Πορφύτα θαλλασία Pourpre de mer.
Πορφυρίτης Porphyre, pierre bien connue de tous.
2] Polygonum, plante; quelques-uns l'appellent camomille.
3] Porphyrion, oiseau d'eau douce qui abonde dans les rivières.
4] Pourpre de mer ; quelques-uns l'appellent cirycion; il est semblable à une coquille.
5] Porphyre, pierre connue surtout en Mélanitide.
6] La racine de la plante, récoltée pendant le déclin de la lune, empêche les yeux d'être malades. Son suc, préparé comme il est indiqué, agit contre beaucoup d'affections congestives des yeux : car, dans beaucoup de maladies, les yeux de l'homme sont attaqués.
7] Au surplus, pour ne pas prolonger notre discours, voici les maladies des paupières : le prurigo, les lentes, la maladie pédiculaire, le manque de cils, le trichiasis, le retournement des cils, le chalazion, les orgelets, les verrues, la chute des cils, l'engorgement des paupières, en tout onze maladies ; sous les sourcils : les aspérités des paupières, les humeurs aqueuses, l'ulcère, la croissance des poils, cela fait quatre affections; dans les angles des yeux : les pustules cuisantes, l'ophtalmie sèche, les taches sur la cornée, l'ulcération, l'égylops, l'anchylops, la fistule, l'ulcère rongeant,

l'érosion, neuf affections. Au globe de l'œil : les membranes sur la cornée, l'albugo, les épanchements de sang, les têtes de mouches, le néphélion, l'amblyopie, [six affections. A la pupille] : la dilatation, la congestion, l'affaiblissement, l'atrophie, le dépérissement, le glaucome, la mydriase, le doublement de la pupille, l'hipparion, la nyctalopie, la myopie, l'obscurcissement, cela fait douze. Autour de l'œil : l'inflammation, le phimosis, la sensation de brûlure, les troubles, les petits abcès, le chancre, l'ulcère, les douleurs, les petits abcès tubéreux : cela fait neuf.

8] Il y a onze variétés de fluxions : violente, subite, chaude, douce, froide, tiède, faible, aiguë, chronique, sablonneuse, nitreuse.

9] Ce qui fait soixante affections.[1] Or, Voici la formule du remède pour toutes les affections susdites: suc de la plante, VI onces; nerprun indien, VI drachmes; aloès indien, VI dr.; myrrhe, IV dr. ; safran, IV dr. ; encens, IV dr. ; opium, IV dr. ; acacia noir, II dr. ; eau de pluie, V onces. Délaye dans un vase de verre.

Il vaut mieux mettre du vin que de l'eau. C'est un précieux remède contre toutes les fluxions et les maladies des yeux et leur affaiblissement : il arrête en effet tous les écoulements. En outre, employé comme friction, au bain, ainsi qu'en ablution, c'est un excellent remède.

Pour la migraine. 10] La chair crue du porphyrion, mise en cataplasme sur le front, guérit la migraine.

11] Donc sur la pierre porphyre grave l'oiseau, et sous ses pattes, un caducée : après avoir enfermé sous la pierre la pointe de l'aile de l'oiseau, porte-la pour te préserver des maux de tête et des douleurs de la migraine. Elle est aussi excellente pour les yeux rhumatisants. Prépare l'anneau et le collyre au décours de la lune.

---

1. Le V. I., après avoir énuméré ces maladies, dit : *Et passiones omnes sunt* lv.

LETTRE P

1] Ῥάμνος Nerprun, plante.
Ῥομφαία Rhomphea, oiseau.
Ῥαφίς Aiguille, poisson.
Ῥινόκερως Rhinocéros, pierre.
2] Le nerprun est une plante épineuse, connue en tous pays.
3] La rhomphea, qui est la chauve-souris, est connue de tous.
4] L'aiguille est un poisson de mer, ainsi nommé, parce qu'il a la bouche comme une aiguille.
5] Le rhinocéros est une pierre qui se trouve sur le nez du rhinocéros; elle a l'apparence d'une corne.
6] Si tu places dans ta demeure un rameau de la plante, tous les mauvais esprits s'enfuiront.
7] Le suc de la tige de la plante et de son fruit avec du miel, mis sur les yeux, aiguise la vue. Fais-le bouillir jusqu'à épaississement.
8] Le fiel de la chauve-souris, mêlé au suc de la plante et au miel, employé en onguent, aiguise la vue et fait cesser le larmoiement des yeux.
On gravera donc sur la pierre une chauve-souris et, sous ses pattes, une aiguille ; sous la pierre, on mettra une petite racine de la plante, et les démons fuiront celui qui la portera. Si tu la caches secrètement sous le chevet de quelqu'un, il ne dormira pas. Semblablement, si tu coupes la tête

d'une chauve-souris vivante, que tu l'enveloppes dans une peau noire et que tu l'attaches au bras de quelqu'un, il ne dormira pas jusqu'à ce que tu la lui enlèves, mais même si tu attaches au vêtement ou au lit de quelqu'un les poils que la chauve-souris a autour du cou, celui qui les portera ou qui sera couché dans ce lit ne pourra pas dormir.

LETTRE Σ

1] Σατύριος Orchis, plante.
Στρουθοκάμηλος Autruche, oiseau.
Σάπφειρος Saphir, pierre.
Σάλπη Merluche, poisson.

2] L'orchis est une plante qui semble garnie de pointes; sa tige unique, qui s'élève de terre, à deux palmes, elle est couverte de semence ; l'entre-deux ides graines est plus jaune que le carthame.

3] L'autruche est un oiseau connu de tous.

4] La merluche est un poisson de mer, abondant, connu, bon à manger.

5] La pierre de saphir sans taches est consacrée à Aphrodite ; c'est une pierre couleur du ciel, avec des veines d'or ; à cause de cela, quelques-uns l'appellent chrysosaphir; c'est avec elle que les peintres font le meilleur azur, celui qu'on nomme naturel.

6] Avec la plante on fait la préparation que je vais dire; elle est très utile pour les femmes affaiblies par un excès de sérosité et incapables de concevoir; elle sèche et affermit leurs parties génitales. Si donc, avant la copulation on saupoudre le membre viril de poudre sèche de la plante et qu'ensuite on connaisse la femme, on la fera concevoir. Par exemple, avant de saupoudrer le membre, il faudra l'enduire de miel ; autrement, sous l'action de la poudre, il gonflera beaucoup et prendra une grosseur démesurée.

Semblablement aussi la femme : si elle en enduit son poil et qu'elle en pose sur ses parties génitales, elle concevra facilement, car cette poudre dessèche les parties génitales des femmes au point de rendre fécondes les femmes improductives et stériles. Voici la préparation de cette poudre : graine d'orchis, II onces ; poivre, I once ; alun rond, II onces ; alun fendu, II onces; après les avoir broyés, dépose-les dans un vase de verre. Suivant un autre manuscrit : graine d'orchis, II onces; poivre, I once ; alun, II onces ; extrait sec, I once et demie ; fruit du baumier, IV onces ; baumier, I once et demie.

7] Voici la préparation de l'extrait sec : costus, I once ; cassia, II onces et demie; amôme, I once; clou de girofle, nonces; musc, II grammes; (autre formule) costus, III onces ; nard, demi-once ; fruit du baumier, IV onces ; baumier, demi-once ; roses triées, IV onces ; bon musc, VI exagies. Pile et remue bien tous ces ingrédients secs. Après avoir pilé dans un mortier et mêlé les roses avec du safran, retire un peu de ce mélange ; dans celui-ci mets du styrax, puis pile avec soin, jusqu'à ce que le styrax soit pulvérisé, et mets les parties sèches avec le reste des roses ; puis, combinant bien le tout, fais des pilules en brûlant au-dessous de l'iris, du mastic, du baume et des ongles de castor, et après les avoir fait sécher, dépose-les dans un vase, et lorsque tu en auras besoin, pile, tamise et fais-en un extrait sec, et donnes-en deux onces aux femmes qui ne peuvent concevoir.

8] L'estomac des autruches appelé siphouchion, sec, broyé et donné secrète· ment, est un philtre propre à préparer la jeune fille qui le boit aux plaisirs de l'amour.

9] La pierre de l'estomac de l'autruche, broyée et donnée en aliment ou en boisson produit un grand désir, surtout chez ceux qui ne peuvent avoir commerce avec une femme, ni procréer.

10] La même pierre, suspendue au cou, facilite beaucoup la digestion et procure une violente érection à ceux qui ne peuvent avoir commerce avec une femme.

11] La pierre du côté droit de la tête de la merluche, suspendue au cou, provoque l'érection, celle du côté gauche la supprime.

12] La graisse du poisson, mêlée au miel et employée en liniment sur les parties génitales des hommes et des femmes, procure une grande jouissance.

13] Grave donc sur un saphir une autruche tenant dans son bec une merluche, enferme dessous un peu de la pierre trouvée dans la cavité de l'estomac de l'autruche, et porte-la. Cette pierre convient, en effet, pour la bonne digestion et l'érection, et les désirs réciproques de l'amour : elle procure surtout l'érection à ceux qui sont déjà vieux et à ceux qui veulent se livrer souvent aux plaisirs de l'amour ; enfin, elle rend agréable celui qui la porte.

LETTRE T

1] Τριφύλλιος Trèfle, plante.
Ταώς Paon, oiseau.
Τρυγὼν θαλασσία Pastenague, poisson.
Ταίτης Taïte, pierre fleurie.
2] Le trèfle est une plante connue de tous; elle est bonne.
3] Le paon est un oiseau gracieux, bien connu, élégant.
4] La pastenague est un poisson de mer peu prisé.
5] La taïte est une pierre multicolore, fleurie, semblable au paon, appelée aussi panchrus : elle se rapproche du paon par ses nombreuses couleurs qui correspondent à celles du paon.
6] On gravera donc sur la pierre, un paon marchant sur une pastenague, et sur la pierre le cri du paon qui est Alû; et dessous on mettra une petite racine de la plante ; et l'ayant renfermée, porte la pierre. Portée, c'est une grande et admirable amulette pour la victoire, pour l'amitié, la réconciliation, pour tous et toutes, au point que tout le monde vous est favorable. Elle renseigne aussi, pendant le sommeil, sur ce que l'on veut savoir.
7] Si tu la places sous ta tête, endormi, en état de pureté, tu verras ce que l'on projette à ton égard. Or, tu ne donneras cet anneau à personne, car il est très puissant ; tu n'en trouverais pas un autre semblable.

LETTRE Y

1] Ὑπέρεικον Hypéricon, plante.
Ὑπερωνίς Hypérion, oiseau.
Ὕλλος Anguille, poisson de mer.
Ὕετιος Hyétite, pierre.

2] L'hypéricon est une plante excellente, elle ressemble à un arbuste ; d'aucuns l'appellent plante de Dionysios; c'est une plante d'été.

3] L'hypérion est l'aigle femelle, comme il y a l'aigle mâle.

4] L'anguille de mer, poisson connu, bon à manger, de mauvaise qualité.

5] L'hyétite, pierre charriée par les rivières ; petit caillou de couleur de sang.

6] Après avoir travaillé la pierre, grave sur elle un aigle déchirant le poisson. Et sous la pierre, mets une petite racine de la plante et la pointe de l'aile de l'oiseau; si tu n'en as pas d'hypérion, prends-en d'épervier, et après l'avoir renfermée dessous, conserve-la. C'est un puissant phylactère pour les hommes et pour les femmes, pour l'inversion de l'utérus, ses déplacements, ses spasmes, ses hémorragies, ses désordres, ses phlegmons, ses écoulements, et pour tout en général, sauf la chute, la corrosion et le cancer. Donne-le donc aux femmes atteintes d'inversion ou de déplacement de l'utérus, comme un remède mystérieux, bien puissant, et comme un secours assurément très efficace.

LETTRE Φ

1] Φρύνη Grenouillette, plante.
Φρῦνος Phrynos, oiseau.
Φώκη Phoque, animal marin.
Φρῦνος Crapaudine, pierre.

2] La grenouillette est une renoncule, mauvaise plante qui ressemble au persil. Elle pousse dans les endroits humides; ses propriétés sont caustiques et brûlantes.

3] Phrynos, oiseau : les uns l'appellent loriot, les autres l'oiseau jaune. Il est de la grosseur du passereau.

4] Le phoque marin est un très bel animal, bien connu; il a des mains humaines et le mufle d'une petite vache.

5] La crapaudine, pierre ; d'autres l'appellent batrachite.

6] La vertu de la plante est très grande, la voici : comme le fer, elle ouvre les abcès, ronge les furoncles, les tumeurs scrofuleuses et convient pour toutes les inflammations.

7] Tu feras l'emplâtre à appliquer de la largeur de deux doigts, et pour la longueur, suivant la partie que tu veux ouvrir, environ un demi-doigt. Place sur le remède un cataplasme de cérat; après l'avoir porté trois ou six heures, tu trouveras le mal ouvert. Il faut donc l'employer dans les emplâtres destinés à purifier la coupure et les ulcères, pour ceux qui commencent à guérir comme pour ceux qui doivent réunir les bords des fistules.

8] La poudre de l'emplâtre se fait ainsi : suc de la plante, IV drachmes (dans un autre manuscrit : IV drachme) ; arsenic, sandaraque, IV dr. de chaque ; lépidotes rouges, IV dr. ; tithymale, IV dr. ; corps de cantharides, VI dr. ; cèdre ou rosier, quantité suffisante. Après avoir broyé, dépose dans un vase de verre : veille à ne pas l'appliquer sur un nerf ou sur une veine, de crainte d'occasionner un spasme. Appliqué habilement, il convient dans les fistules lacrymales et dans les trichiasis. Prépare les cantharides en leur coupant les pattes et les ailes que tu rejetteras, ne conservant que les corps. Projette IV drachmes de [savon (V. I.)] gaulois et de chaux vive : pile, amollis, aplanis, fais une sorte d'emplâtre et applique.

9] Les poils longs et durs qui sont entre le nez et la bouche du phoque, avec le milieu du cœur du phoque, la pointe du cœur de la huppe, un peu du foie du phoque et de chrysanthème, une petite fourmi, la langue d'une bergeronnette, un peu de musc, liés ensemble dans une peau de cerf, avec l'œil droit d'un loup, te donneront un très puissant phylactère pour le commandement des troupes et pour la victoire ; car il met fin a tout combat et ramène l'amitié ; il délivre de toute fâcheuse destinée et des tristes événements, des périls de la mer et des épreuves sur terre et sur mer, des démons et de toute maladie. Il procure aussi la santé, le succès, des jours heureux et tous les biens, et réellement c'est un puissant phylactère de victoire et d'amitié donné par les dieux, surtout si tu y ajoutes de la racine et du fruit de la pivoine.

10] Les ongles des mains du phoque, tenus ou portés, écartent toute fascination, toute maladie et tout maléfice. Il ne sera donc pas hors de propos d'ajouter au phylactère un ongle de la patte droite [du phoque], il en sera plus puissant.

11] Les poils du phoque, placés sur la tête des gens qui ne peuvent dormir, ramènent le sommeil, et attachés à la cuisse gauche procurent un grand bien aux femmes dont les couches sont laborieuses.

12] Sa peau, portée comme ceinture sur les reins, guérit toute douleur des reins, et si, en ayant fait des sandales, tu les portes aux pieds, elle guérit la goutte et la dysurie.

13] Semblablement aussi, la graisse de phoque mêlée à du cérat à la rose, soulage les goutteux et les arthritiques.

14] Si tu suspends le cœur du phoque au mât d'un navire, celui-ci ne fera jamais naufrage.

15] De même si tu cloues sa peau à la proue, le navire ne sera jamais frappé de la foudre.

16] L'oiseau, pris comme aliment, guérit la jaunisse ; c'est pourquoi on l'appelle l'oiseau ictérique.

17] Ses ongles, suspendus au cou, guérissent le frisson de la fièvre tierce : le long de l'épine dorsale, le frisson de la fièvre quotidienne.

18] Son cœur, suspendu le long de la colonne vertébrale et porté au bras, guérit le frisson des fièvres tierce, quarte et quotidienne.

19] Sur une pierre batrachite grave un épervier, sous ses pattes une grenouille : enferme dessous, la langue d'une grenouille et une petite racine de la plante, le bout de la langue de l'oiseau, et, après fermeture, donne-la à porter : elle guérit, en effet, toute hémorragie et les asclépiades et sauve les ictériques.

20] Elle convient également à ceux qui crachent le sang et aux femmes qui ont des hémorragies de l'utérus. Elle convient pour calmer les mouvements de colère des adversaires, surtout si tu as placé dessous des poils de phoque; elle préserve aussi des bêtes venimeuses. Et cette pierre a encore d'autres vertus divines que j'indiquerai.

21] Ne souffre pas, ï âme, de ton corps mortel. Tu as pour toi le commencer ment et la fin des temps. Seule, la terre sait que le corps que lu guides est amèrement éprouvé par les maladies et tourmenté par les lois de l'Univers, et non seulement par ces lois, mais encore par les crises qu'il éprouve. Toi donc, dans ta lassitude et dans ton affliction, déesse au nom de bête, écoute la parole d'un dieu et la mienne. Seul, l'homme est le maître de toutes choses, les ayant toutes nommées, les voyant toutes : seul, il chante les messagers des dieux et les démons. En lui-même, dis-lui que les démons, nos messagers, annoncent de la part des dieux, tout ce que seul il crée dans de divins discours. Moi aussi, je suis agité par des sympathies pour ses maladies, pour ses destinées, comme pour ses joies. O Destin vénéré par les êtres vivants! L'Univers sympathisant au moment propice à leurs blessures, enfante seul, en un instant, tout pour leur délivrance, par la volonté des dieux. Et moi, après avoir abandonné mon corps, puissé-je retourner dans l'éther d'où je suis venue sur l'ordre du Seigneur !

22] Je dirai les choses dont l'âme a la prédiction ; je dirai comment elle possède la nourriture de la vie. Voici ce qu'elle dit : « O nature transformée d'après toute nature, qui connais tous les êtres qui existent et dans l'air et sur terre, et le gazouillis des oiseaux parmi les êtres aériens, et les races de quadrupèdes, celles qui mugissent, celles qui aboient comme les chiens, celles qui sifflent comme les serpents. Comprends les bruits de toute espèce, de la souris, du chat, de la musaraigne, du hibou, de la blatte, de toute guêpe et des abeilles de toutes sortes. »

23] Prends donc une pierre hiéracite, grave sur elle un épervier et à ses pieds une grenouille, et sous la pierre les mots : ΜΑΛΛΕΝΕΚΑΑ (dans un autre ms. : ΜΑΛΘΑΛΑ) : et sur une pierre d'aimant vivante, la même gravure : sous la pierre tu graveras ceci : ΜΑΜΑ' ΛΛΑΙΝΑ (d'autres manuscrits disent : ΜΑ' ΛΑΛΛΑ) : et tu l'attacheras comme il convient.

24] C'est ainsi que s'exprime Harpocration plus tard ; ici, de son côté, Cyranus avait ainsi décrit la gravure de la pierre : Sur la pierre hiéracite, grave un épervier, sous ses pattes, une grenouille et sur le dessous de la pierre ces mots : ΜΑ'ΛΑΑ : et sur une pierre d'aimant la même gravure : sous la pierre ΜΑ'ΛΛΕΝΑ.

25] Prenant donc un épervier commun, celui qu'on appelle circéos, plonge-le dans environ deux cotyles d'eau de fontaine, de façon qu'il puisse être étouffé, et tiens-le sous l'eau jusqu'à ce qu'il meure. Puis, l'ayant retiré, laisse-le pendant dix heures dans la saumure. (Cyranus dit sept jours.) Ensuite, enferme ensemble ses yeux, sa langue et son cœur, avec la langue d'une grenouille et les deux pierres, l'aimant vivant et l'hiéracite, avec un peu de poudre de fer, pour que l'aimant vive, puis ferme le tout, et tu auras un puissant phylactère. Tout cela devra être enfermé dans la peau de l'épervier. Forme le lien du phylactère avec les nerfs de l'épervier, comme un lien incassable, ténu, long, afin que porté sur la poitrine, il descende jusqu'au milieu de l'estomac et du cœur, et tu auras la prescience de toutes choses. Ne transmets pas cela, ne l'enseigne pas, même à ton propre fils.

26] Le remède qui accompagne le phylactère est celui-ci : mets dans un vase préparé d'avance l'eau dans laquelle l'épervier a été étouffé, une cotyle de miel, iv drachmes de racine de la plante romarin, de bel orge infusé dans l'eau de rivière jusqu'à ce qu'il ait germé et qu'il en sorte XXVIII pointes, iv drachmes de la plante grenouillette, (dans un autre manuscrit : I drachme d'encens, dans un troisième : trois olives de l'olivier nain). Après avoir bien broyé le tout, fais bouillir suivant la formule, jusqu'à consistance d'électuaire, puis mets-le dans un vase de verre, que tu boucheras très bien. Lorsque tu le mettras, joins-y le cœur d'une huppe encore chaud et palpitant, avec un peu de son sang. Ensuite, mange le cœur encore palpitant d'une autre huppe en buvant de l'hydromel, et tu seras initié jusqu'à la fin de ta vie.

27] Lors donc que tu voudras savoir ce qui se passe dans le monde ou dans le ciel, ou dans un pays, ou dans une ville, ou chez un homme, ou dans ta maison ou dans une autre, au sujet des femmes, des hommes ou des voleurs, prends un doigt de la composition, puis bois du lait de vache et de l'hydromel. Ensuite, porte le phylactère susdit, pendu à ton cou, de façon qu'il touche à ton cœur et à ton estomac, alors tu seras en état de connaître ce que tu voudras savoir. Car tu connaîtras tout ce qui a été dit plus haut, les vies et les destinées des hommes et des femmes, des voleurs et des esclaves fugitifs, où et comment, bref, tout.

28] Tous les deux ont la même rédaction. Harpocration ajoute ceci : je t'adjure, mon enfant, par le ciel, par l'air, par la terre, par l'abime, par les sources et par les fleuves, par le dieu qui respire en toi, de ne communiquer à personne ce mystère, pas même à ton propre fils, à moins qu'il ne soit digne de connaître cette nature. Tous les dieux que nous adorons possèdent cette puissance ; mais ne le dis à personne, seulement emploie-la comme une âme sage à l'exclusion de tout autre.

LETTRE X

1] Χρυσάνθεμος Chrysanthème, plante.
Χρθσόπτερον Chrysoptère, oiseau.
Χρυσοφός Dorade, poisson.
Χρυσίτης Chrynte, pierre.

2] Chrysanthème, plante connue de tous.

3] Chrysoptère, oiseau de la grosseur de la caille.

4] Dorade, poisson de mer, bon à manger, bien connu.

5] Chrysite, pierre de plusieurs couleurs, ayant l'éclat de l'or.

6] La fleur du chrysanthème est jaune d'or, ayant la forme d'un calice, et au milieu de la fleur se trouve une sorte de petites fourmis noires, aux ailes courtes. On les appelle sang cosmique ; on les voit avant le lever du soleil, lorsque ce dernier est dans le signe du Bélier. On les met dans un vase de verre avec de l'huile de roses et un peu de la fleur de la plante. Puis, en sortant le malin, en état de pureté, prends un peu de la préparation, graisse t'en les yeux, et marche hardiment : car cela te rendra agréable, gracieux, recommandable vis-à-vis de tous les hommes et de toutes les femmes. Si tu fais cela au lever du soleil, l'effet en sera meilleur.

7] Cela agit contre les insuccès partiels, l'éloignement des affaires et les choses analogues.

8] Pour les douleurs des enfants qui font leurs dents, mets-leur au cou, dans un morceau d'étoffe, de la racine de la plante avec de la pierre de la tête du poisson.

9] Les yeux de l'oiseau chrysoptère, suspendus au cou, guérissent la fièvre tierce ; son cœur, suspendu au cou, délivre les fiévreux.

10] Les pierres de la tête du poisson, suspendues au cou, guérissent les phtisiques.

11] Sur une pierre chrysite, grave l'oiseau ayant une crête en forme de disque et sous ses pattes, le poisson : puis, après avoir enfermé dessous une petite racine de la plante, donne-la à porter. Elle est bonne pour les douleurs d'estomac, l'inversion de l'utérus et pour les reins.

12] Elle rend gracieux celui qui la porte et le fait chérir de tous.

13] Elle est efficace aussi pour les fiévreux, si elle est jetée dans l'huile dont on se frottera au coucher du soleil.

14] Elle a aussi d'autres vertus pour les breuvages d'amour, si elle est trempée dans du vin et qu'on le boive ensuite.

15] Si tu as la pierre de la tête du poisson avec les choses qui viennent d'être dites, elle soulagera beaucoup les phtisiques.

LETTRE Ψ

1] Ψύλλιος Plantain, plante.
Ψύλλος Puce de mer.
Ψαρός Étourneau, oiseau.
Ψωρίτης Psorite, pierre, appelée aussi porus.

2] Le plantain est une plante connue de tous.

3] La puce de mer est un petit animal dont se servent les pêcheurs au bord de la mer.

4] Etourneau, oiseau connu de tous.

5] Psorite, pierre qu'on appelle aussi porus.

6] Fais bouillir dans deux cotyles d'eau, III drachmes de graines de la plante, jusqu'à consistance visqueuse, puis les ayant filtrées dans un linge, jette le résidu et dans l'eau de la décoction mets VI onces de cire et VI onces d'huile. Ensuite, fais bouillir jusqu'à ce que la cire soit fondue; écrase bien au mortier; c'est un cataplasme divin pour les maux de pied et les brûlures dangereuses.

7] Si tu délayes la pierre dans du sang de l'oiseau, et que tu leur en frottes le front, tu sauveras les gens atteints des fièvres tierce et quarte.

8] Si tu délayes dans l'infusion susdite de la plante la pierre et que tu en frottes le front des fiévreux et des céphalalgiques, tu leur enlèveras la douleur.

9] XXVIII grains de graine de plantain, joints à des puces de mer, suspendus au cou dans un linge, guérissent la fièvre tierce accompagnée de frissons.

10] Fais bouillir une grande quantité de puces de mer dans de l'eau de mer et répands-la où il y a beaucoup de puces : elles disparaîtront.

11] Sur une pierre psorite, grave trois puces de mer sous un roseau vert; enferme dessous une petite racine de la plante et fais-la porter aux enfants agités et qui grincent des dents.

12] Si un pêcheur vigilant la porte sur lui pendant le jour sur un fleuve ou sur un étang, il fera très bonne pêche.

LETTRE Ω

1] Ὤκιμος Basilic, plante.
Ὠκύτερος Ocyptère, oiseau.
Ὦμις Omis, poisson de mer.
Ὠκυτόκιος Ocytocios, pierre.

2] Basilic, plante bonne à manger, sorte de légume, connue de tous, odorante.

3] Ocyptère, oiseau, animal vénéré : c'est l'hirondelle commune.

4] L'omis, poisson de mer, qui suivant les uns est l'anchois, suivant les autres le lyembros : petit animal qui se mange et qu'on appelle mendole.

5] L'ocytocios, pierre, est la très petite aélite, sonore; elle est belle à voir.

6] Nous avons appris au sujet de la plante basilic qu'elle a de très grandes vertus. Si quelqu'un, après l'avoir mâchée à jeun, sans qu'elle ait été lavée, la place pendant sept nuits dans un endroit découvert, éloigné du soleil, l'enlevant pendant le jour, la laissant exposée à l'air pendant la nuit, il trouvera un scorpion à sept vertèbres, jaune. S'il blesse quelqu'un, le blessé enflera et mourra le troisième jour.

7] Si, après l'avoir étouffé dans de l'eau ou dans du vin, tu en fais boire à quelqu'un, celui qui l'aura bu aura sur tout le corps des pustules, qui détermineront des ulcères incurables.

8] Si tu broyés le scorpion avec de la graine de l'herbe au scorpion [tournesol], et que tu en fasses des pilules, et que les ayant desséchées, tu les mettes dans un vase de verre et que tu en donnes à un épileptique, il n'aura plus d'attaques : donne à jeun pendant VII jours a la dose de trois pilules dans un mélange convenable. Si tu en donnes à quelqu'un qui soit bien portant, rendu lunatique, il ne pourra jamais guérir.

9] Si tu fais pour un liniment un mélange d'infusion de basilic et de fiente d'hirondelle, tu délivreras les gens malades de la fièvre quarte.

10] Si tu donnes à tenir une aile d'hirondelle et une petite racine de basilic à une femme dont les couches sont difficiles, aussitôt, elle accouchera sans danger.

11] Si tu mets dans n'importe quelle essence l'aile de l'oiseau, tu auras, de tous et de toutes, très grand bonheur et favorable accueil. Le cœur de l'hirondelle, porté au cou dans une peau de cerf, soulage les lunatiques.

12] Au sujet du scorpion commun, je ne garderai pas le secret, à cause de l'erreur des ignorants. Car l'erreur s'engendre dans l'air. Si tu mets un scorpion commun dans une cotyle d'huile, au déclin de la lune, et que tu le gardes en réserve, puis que tu en frottes l'épine dorsale de quelqu'un, l'extrémité des pieds et des mains et que tu en frottes l'épine dorsale depuis la seconde vertèbre du cou jusqu'au bas, puis le front et la tête avant l'heure de l'accès, tu guériras les fièvres tierce, quarte et quotidienne; tu soulageras également les lunatiques et les possédés du démon.

13] Si tu mets dans d'autre huile l'aile de l'oiseau, et que tu en frottes une personne guérie, le mal reviendra et elle ne pourra être sauvée.

14] Le scorpion commun, grillé et mangé par des personnes atteintes de la pierre, la leur fait rendre en urinant, sans douleur.

15] Avec le dard du scorpion, avec la pointe du basilic, dans laquelle est la graine, avec le cœur de l'hirondelle, portés au cou dans une peau de cerf, tu guériras les lunatiques de leur folie. Ce phylactère chasse également les démons qui refusent de s'éloigner.

16] Broie donc la pierre dont il vient d'être question avec du suc de la plante et du sang de l'oiseau, avec une tête d'anchois et un peu d'eau et mets en réserve dans un vase de verre; et lorsque tu voudras en faire l'expérience, imprègne les doigts de ta main droite ou de ta main gauche, touche alors ce que tu voudras, pierre très dure, bois ou os, immédiatement ils se briseront, de sorte que les assistants croiront que tu es un magicien.

17] Nous avons vu, dit Harpocration, une opération tout à fait divine et démonstrative, qui s'est passée dans la capitale de la Babylonie.

18] Car si quelqu'un place sur des charbons ardents la tête d'un anchois frais sur la terrasse de la maison, dans l'air pur de la nuit, il fera apparaître un nombre d'astres tel que le ciel en paraîtra rempli.

19] Si pendant la pleine lune on met la tête de l'animal dans une figue, puis qu'on la place sur le feu, le soir, l'air étant calme, tu verras le disque de la lune qui semblera occuper la moitié du ciel.

20] Si tu mêles à tout cela un peu d'étoile de mer, tu verras apparaître Stichius, très grand, qui se tiendra debout à tes pieds.

21] Si tu la places sur de la pyrite pulvérisée, il se produira des tonnerres et des éclairs.

22] Si tu la places sur de la terre venant de la maison de certaines personnes, il se produira là un tremblement de terre.

23] On a nommé omis, la mendole, parce qu'elle a dans les épaules (ὦμος) une grande vertu. Voici la préparation d'un cataplasme : arêtes des épaules de la mendole, I once ; pomme de mandragore, I once ; graine de jusquiame, I once ; opium, I once; roses sèches, I once; écorce de racine de coqueret, III onces; colophane, I mine; soufre, I once; nitre, I once : prépare comme topique et mets, en cataplasme à celui que ta voudras, et rapidement tu auras raison de la maladie.

24] Si tu fais le cataplasme, que tu le poses au jour indiqué et que tu veuilles, soigner autrement, il ne produira aucun effet, car il ne sera pas bon au-delà de VII jours : c'est le remède des maladies suivantes.

25] La mendole est nommée mainis parce qu'elle fournit la préparation suivante pour la folie (μανίας). Après avoir pris les yeux de la mendole, mets-les, dans une cotyle de vin (dans un autre manuscrit, dans de l'huile de lis) : il faut les laisser infuser sept jours. Ensuite, mets dans le vin : graine de semence de mandragore, XIV drachmes ; graine d'églantier, IV dr. ; graine de tournesol, IV dr.; fais bouillir jusqu'à réduction de moitié, et après avoir fait déposer, emploie de la façon suivante.

26] Si tu vois quelqu'un pris de folie, donne-lui de ce vin, I drachme, avec de l'eau chaude, et il sera, sauvé. (Dans un autre manuscrit, c'est une cotyle qu'il faut donner·).

27] Si tu le donnes à boire avec du vin à quelqu'un qui tombe [du mal caduc], et atteint de folie, il sera soulagé.

28] Si, après l'avoir mélangé avec un collyre, tu le donnes pour s'oindre les, yeux, celui qui est atteint de suffusion des yeux sera guéri en sept jours.

29] Si tu soignes avec ce remède quelqu'un qui a mal aux oreilles, il· deviendra sourd·

30] L'onguent fait avec les pierres de la tête de la mendole, broyées avec du fiel d'alabête noir, mis sur les yeux, fait apparaître et voir les choses dans l'obscurité.

31] Si tu ajoutes au mélange un peu de pierre d'aimant vivant et un peu d'eau de pluie, celui qui se frottera les yeux avec cet onguent Terra pendant sept jours les choses du ciel et de l'air.

32] Grave donc sur une pierre une hirondelle et près de ses pattes le scorpion sur une mendole : sous la pierre, enferme les yeux du scorpion et de la mendole, une petite racine de tournesol, et, après l'avoir fermé, porte le phylactère; il détourne tous les animaux venimeux, quadrupèdes, serpents, reptiles venimeux, il humilie aussi tous les ennemis et ceux qui dressent des embûches.

33] Si quelqu'un est blessé par un scorpion et qu'il scelle la blessure avec ce sceau, aussitôt la blessure se calmera.

34] Si quelqu'un, après avoir été mordu par un chien enragé, devient hydrophobe et ne peut boire, prends l'anneau, jette-le dans de l'eau, donne-la lui à boire, et quand il aura bu, il sera guéri.

35] Si tu la donnes à boire avant l'accès à un maniaque, il ne sera pas fou.

36] Si tu donnes à un maniaque une langue de mendole fraîche, écrasée dans l'eau en mettant l'anneau dedans, il sera guéri : si c'est à une personne saine d'esprit, elle deviendra folle. Pour la guérison, donne-lui à manger une mendole grillée. L'homme qui ignore tout ce qui vient d'être dit, deviendra fou. Ainsi s'exprime pour les mortels la divine Cyranide.

37] Harpocration a ainsi terminé ici ce livre ; quant à son autre livre des Cyranides, nous ne l'avons pas trouvé. Mais ici, ce en quoi Harpocration a différé de Cyranus, ou le second du premier, j'ai tout recueilli dans l'ordre des deux ouvrages, et j'en ai fait un livre, sans rien passer sous silence. Maintenant je passerai aux autres livres de Cyranus, afin que nous puissions en tirer profit. Ainsi prend fin le livre du très auguste et tout puissant [Hermès].

Fin de la première Cyranide.

DEUXIÈME CYRANIDE

LIVRE D'HERMÈS TRISMÉGISTE SUR L'ÉTUDE, LA CONNAISSANCE, L'INFLUENCE NATURELLE DES QUADRUPÈDES, COMPOSÉ POUR SON DISCIPLE ASCLÉPIOS

LETTRE A

ΠΕΡΙ ΘΗΡΙΟΥ ΑΡΚΤΟΥ
De la bête sauvage nommée ours.

1] L'ours est un animal sauvage, très poilu, paresseux, ressemblant en tout à l'homme, intelligent et marchant spontanément debout.

2] Chacun de ses membres a été fait suivant chacun des membres de l'homme. Il est utile en médecine. En effet, les os de sa tête, suspendus au cou, sont salutaires pour tous les maux de tête; son cerveau, en aliment, guérit l'épilepsie; ses yeux, portés sur soi, écartent toutes les maladies des yeux ; le cérumen de ses oreilles, avec de l'huile de roses, guérit tous les maux d'oreilles ; ses dents, les maux de dents ; suspendues au cou des enfants, elles font pousser les dents sans douleur; ses yeux, portés sur soi, attirent l'affection, et les ongles de sa patte droite, portés sur soi, chassent toutes fièvres; ses poils, brûlés et portés, chassent le mauvais air et toutes sortes de fièvres. Son foie séché, broyé et pris en poudre, guérit les maladies du foie. Les tendons de ses pieds et de ses mains, portés, guérissent ceux qui ont la goutte aux pieds on aux mains; ses excréments, délayés dans du vinaigre, procurent une vue perçante; son cœur, porté sur soi, rend celui qui le porte, aimable, chanceux et redouté.

3] Sa graisse avec du ladanum et de l'adiante, employée en onguent, fait repousser les cheveux aux gens chauves; mêlée à la noix de galle, au vitriol, à la résine de cèdre, aux mèches de lampe, elle fait également repousser les sourcils et la barbe qui tombent. Employée seule, sa graisse guérit les oreillons, les crevasses, les engelures, les écrouelles, les bubons.

4] Le membre de l'ours, placé au bas de l'utérus, de façon qu'il soit appliqué contre l'ouverture, guérit les étranglements de l'utérus. Prépare-le en le séchant. Sa bile, prise avec du miel, à la dose d'une cuillerée, guérit parfaitement les maladies du foie. Sa peau placée là où il y a des puces, les fait fuir, et il n'en reste pas.

Enduis de graisse d'ours le front d'un enfant, et il deviendra vigoureux au-delà de toute expression.

Si tu mélanges de la graisse d'ours avec du poivre et que tu en frottes un homme chauve, les cheveux repousseront sur sa tête.

Enduis de graisse d'ours les hémorroïdes et eues seront guéries.

ΠΕΡΙ ΤΗΣ ΑΛΩΠΕΚΟΣ
Du renard.

5] Le renard, connu de tous, animal très malfaisant et très fusé et malin, mange les oiseaux et sent mauvais.

6] Si quelqu'un le prend vivant à la chasse, et le fait bouillir dans de l'huile très vieille jusqu'à réduction des os, puis filtre l'huile alors qu'elle est encore chaude, ce liniment est incroyablement utile aux arthritiques, aux podagres, à ceux qui ont la goutte sciatique, aux languissants, à ceux qui souffrent depuis de longues années.

Sa graisse tiède, introduite dans l'oreille, guérit les maux d'oreilles.

7] Lorsque tu le prendras à la chasse, tu devras lui dire le motif pour lequel tu l'as poursuivi.

8] Son testicule droit desséché, mis en poudre, délayé dans la boisson, est un philtre d'amour pour les femmes; le testicule gauche, pour les hommes.

9] L'extrémité de son membre, portée comme amulette, produit une très grande érection ; même résultat, si elle est broyée et mêlée directement à un breuvage.

10] Et ses testicules séchés, pris en boisson, agissent de même.

11] Donnes-en la valeur d'une cuillerée : à cette dose, ils sont efficaces et tendent l'érection sans danger et certaine.

12] Lui ayant donc coupé les deux testicules, lâche-le vivant, mais après l'avoir guéri, et porte-les en amulette. Lorsque tu toucheras à ces testicules, immédiatement l'érection se produira. Quelques-uns les introduisent dans les hanches du bouc.

13] Si tu places l'extrémité de son membre dans une vessie ou dans une peau sur laquelle tu as écrit, avec de l'encre de Smyrne, ces paroles ΤΙΝ'Ν Β'ΒΒ Η'ΛΙΘΙ pp g l'·.i.· tinbin ilithi (V. I.)] et que tu la portes comme amulette, les rapports sexuels seront sans danger.

14] Le sang du renard guérit la douleur des reins, quand il est versé chaud sur eux.

15] Ses rognons, pris comme aliment ou en boisson, sont aphrodisiaques.

16] Son foie, séché, pulvérisé, employé à saupoudrer et bu avec de l'oxymel, guérit merveilleusement les maladies de la rate ; de même la rate du renard, quand on là porte sur soi.

17] Son foie, bu avec du vin, guérit les asthmatiques.

18] Son poumon, grillé et mangé, guérit la dyspnée.

19] Sa graisse arrête merveilleusement la chute des cheveux.

20] Sa fiente avec de l'huile de roses dans un pessaire, favorise la conception.

21] Son cœur, porté en amulette, met à l'abri des maléfices.

22] Une dent de renard, suspendue au cou, soulage les escarres et permet aux enfants de faire leurs dents sans douleur.

23] Si on mélange avec de l'asphalte et de l'huile d'olives vertes ses ongles, préalablement broyés dans de l'huile de roses, l'onguent, appliqué en pessaire, guérit merveilleusement l'hystérie.

24] Son testicule broyé, mélangé avec de la cire, soulage les oreillons.

25] Si quelqu'un, après avoir enveloppé dans un linge les parties génitales du renard, les attache autour de sa tête, toute douleur de tête, migraine et vertiges seront guéris.

26] Sa fiente, broyée avec du vinaigre, guérit les dartres.

27] Sa fiente, mêlée à la graisse, employée en friction, arrête la chute des cheveux.

ΠΕΡΙ ΑΣΦΑΛΗΚΟΣ
De la taupe.

28] La taupe est un animal aveugle, qui vit et marche sous terre. Si elle voit le soleil, la terre ne la reçoit plus et elle meurt.

29] Son cœur, porté dans une peau de cerf comme amulette, guérit les lunatiques. Porté dans la peau de la huppe avec les deux yeux de l'oiseau, elle sert à prédire toutes choses pendant tout le temps qu'elle sera portée par quelqu'un de pur.

30] Si quelqu'un porte son cœur, il deviendra plus grand et meilleur ; car la puissance de cet animal est divine et active, et je ne saurais la passer sous silence.

31] Voici un breuvage. Si quelqu'un, au soleil levant, en prend la valeur d'un doigt, il saura ce qui arrivera jusqu'au coucher du soleil.

32] La préparation du breuvage est la suivante : prenant la taupe, étouffe-la dans trois cotyles d'eau de pluie. Fais bouillir jusqu'à consistance de cire; après avoir passé, tu mettras l'eau dans un vase d'airain et tu feras bouillir ; prépare ensuite de cette façon : racine de verveine (?), iv onces ; armoise à tige unique, iv onces; styrax en larmes, myrrhe d'Ethiopie, bdellium, iv onces de chaque ; encens mâle en larmes, viii onces. Ayant coupé, mélangé, broyé, jette dessus une cotyle de miel de première qualité, puis fais bouillir jusqu'à consistance de miel ; enlève alors et dépose dans un vase de verre et utilise comme il a été dit.

33] Enterre les os de la taupe, dans ta maison, à l'intérieur, car la taupe, soit vivante, soit morte, donne des présages tout comme les chèvres.

34] Si donc quelqu'un atteint d'écrouelles, d'oreillons ou de quelque autre espèce d'abcès, prend la taupe vivante et la presse dans ses mains seulement, jusqu'à ce qu'elle meure, celui qui l'aura pressée sera parfaitement guéri de ces maladies et jamais plus il ne sera atteint ni ne souffrira de tumeur à la luette, d'amygdalite, de tumeurs à l'aine, et n'aura jamais ni écrouelles, ni abcès d'aucune sorte.

35] Sa graisse fondue guérit merveilleusement l'otalgie.

36] Enfouis donc la taupe dans la terre [dans ta maison.]

37] Si quelqu'un mange son cœur encore palpitant, il aura la prescience des choses de l'avenir éternel.

ΠΕΡΙ ΑΙΓΩΝ ΘΗΛΕΙΩΝ
Des chèvres.

38] Les chèvres sont connues de tous et utiles; par exemple, si quelqu'un applique la peau d'une chèvre sur un épileptique, qu'on mène ensuite au bord d'un fleuve ou de la mer, aussitôt, tombant en tremblant et écumant, il sera reconnu [épileptique].

39] Le sang de chèvre, chauffé au feu et absorbé, guérit la dysenterie et sauve rapidement ceux qui ont bu des poisons, et guérit merveilleusement les hydropiques.

Son lait, bu encore chaud, est bon pour les phtisiques et les gens atteints de la jaunisse. Son sang bu avec du miel guérit les abcès.

Le sérum qui s'écoule de son foie grillé, instillé dans les fistules lacrymales, est très salutaire ; comme aussi la vapeur humide qui en tombe sur les yeux. Sa corne brûlée rend les dents brillantes et guérit les gencives molles. Ses excréments, en cataplasme, dissolvent les enflures dures, et, mélangés au miel, soulagent les hydropiques et les dyspeptiques.

40] Sa bile, en liniment avec du miel non enfumé, est employée pour les obscurcissements de la vue, les taies et le ptérygion.

41] La rate de la chèvre, mangée grillée, guérit la dysenterie.

42] Sa crotte, mélangée à la farine d'orge, en cataplasme sur les ulcères, sur les piqûres de tarentule ou de bupreste, les guérit. Sa crotte sèche, bue avec un mélange de vin et de miel, est bonne contre la dysurie ; bouillie avec du vin. vieux et appliquée en cataplasme, elle guérit merveilleusement l'œdème des articulations, les phlegmons des testicules, des seins et de l'aine. En cataplasme avec du miel, elle guérit ceux qui ont été piqués par des serpents ou d'autres animaux venimeux, car elle attire à elle tout le venin.

43] La rate de la chèvre fraîchement tuée, chaude, prise en prononçant le nom du malade, déposée sur la rate d'une personne splénique, sera attachée en bandelette pendant un jour. Ensuite, après des imprécations, le malade la suspendra au-dessus de la fumée ou l'exposera au vent, afin que la rate de la chèvre se dessèche, et la rate du malade sera diminuée.

44] La peau du chevreau, en boisson, guérit les personnes mordues par les serpents dipsades. La peau du chevreau a la dose d'une ou deux cotyles dans du vinaigre, guérit ceux qui crachent le sang de la poitrine.

45] La poche qui secrète la présure, mangée grillée, sert à soigner les dysentériques ; bouillie avec des noix de galles et de l'huile et mangée, elle arrête le flux de ventre.

46] Sa rate mangée grillée, guérit toujours ceux qui sont malades de la rate.

47] Sa peau enfumée réveille les gens tombés en léthargie, et les épileptiques qui tombent, et les hystériques, et ses poils enfumés produisent les mêmes effets.

LETTRE B

ΠΕΡΙ ΒΟΟΣ ΘΗΛΕΙΑΣ
De la vache.

1] La vache est connue de tous. Ayant pris de la bouse sèche, broyé, mélange et pèses-en une livre; cire, vi onces; jus de chou, vi onces (dans un autre ms. : iii onces); œufs crus, iii; bonne huile, une livre; soufre, i once : broie les matières sèches et fais fondre les matières fusibles. Ayant donc moulu et chauffé doucement, ayant jeté les œufs dedans, broyé convenablement. Fais-en un cataplasme : tu soulageras aussitôt les spléniques, les hépatiques, les hydropiques, et également les malades atteints d'hydrocèle et les podagres. Cache ceci comme un grand présent.

2] Si tu délayes de la bouse dans du vinaigre et que tu en couvres un certain endroit ou un vase à miel, les fourmis ne pourront y accéder.

3] Les sabots des vaches, bouillis et mangés avec de la moutarde, sont un antidote, comme nul autre, contre tout poison.

4] Le fiel de la vache fait percer les boutons et rend le visage brillant.

5] La bouse, brûlée sous le lit d'une femme en couches, facilite la délivrance, et fait descendre et expulser l'arrière-faix.

Voici les propriétés du bœuf : ses vertèbres, réduits par le feu et employés en poudre sur les dents, les conservent blanches.

Son fiel, employé en pessaire et placé à l'orifice de l'utérus, l'ouvre quand il est fermé.

Prenant donc son foie, mets-le dans une marmite neuve hermétiquement bouchée, afin que l'air n'y pénètre pas : mets-la chauffer sur la cendre chaude d'un fourneau et entretiens le feu sept jours. Ensuite, après l'avoir bien broyé, donne-le à boire avec de l'hydromel ou du vin chaud à un hydropique et il sera guéri. En fumigations et en liniment, il guérit les piqûres des abeilles et des guêpes...

ΠΕΡΙ ΒΑΤΡΑΧΟΣ
De la grenouille.

6] La grenouille est un animal connu de tous. Si on lui coupe la langue et qu'on la relâche vivante secrètement, puis qu'on écrive sur la langue XOYO'X' C, et qu'on la pose sur la poitrine d'une femme endormie, elle te dira tout ce qu'elle a fait pendant sa vie.

7] Sa cendre, mêlée à la poix, employée en onguent, arrête la calvitie : appliquée avec du vinaigre, elle arrête toute hémorragie du nez, des ulcères et du fondement et guérit les veines, les artères et les brûlures.

8] Si on prend une grenouille vivante au nom de quelqu'un, alors que ni le soleil, ni la lune ne sont au-dessus de l'horizon, puis, qu'avec des ciseaux on lui coupe les deux pattes de derrière et qu'on les enveloppe dans une peau de cerf, enfin, qu'on les attache aux pieds, la patte droite au pied droit, la patte gauche au pied gauche, c'est un parfait remède pour les goutteux.

9] Si quelqu'un veut faire tomber le poil de tout son corps, après avoir fait brûler la peau de la grenouille, jette-la dans l'eau où il se baigne et les poils tomberont.

10] Ayant fait brûler de petites grenouilles, fais-en un onguent pour la chute des cheveux et elle sera arrêtée.

Le sang de grenouille appliqué sur la tête fait tomber les cheveux,

La grenouille terrestre appelée saccos (gresset?), dont l'haleine est venimeuse, a dans la moelle de la tête une pierre. Si tu la prends au déclin de la lune, enferme-la dans un linge de lin pendant quarante jours, puis l'enlevant du linge et la coupant, prends la susdite pierre, tu auras un puissant phylactère. Suspendu à la ceinture, il guérit en effet le spleen et l'hydropisie, comme je l'ai éprouvé moi-même.

LETTRE Γ

ΠΕΡΙ ΓΑΛΗΣ
De la belette.

1] La belette, petit animal connu de tous. Sa langue portée sous les semelles des souliers ferme la bouche à tous.

2] Si un jour, tu trouves une belette jetée morte, ramasse-la, fais-la bouillir dans l'huile jusqu'à ce qu'elle soit fondue; puis ayant passé l'huile, joins-y quantité suffisante de cire, pour en faire un cérat, et tu auras un puissant remède pour les arthritiques et pour toutes les affections nerveuses, pour les phlegmons des pieds et des articulations et pour toutes sortes de fluxions.

3] Il guérit en effet les grandes écrouelles, et les seins et les testicules, et tout abcès provenant d'opérations chirurgicales, et les, bubons.

4] Ses testicules sont tantôt favorables, tantôt défavorables à la conception.

5] Si quelqu'un après avoir broyé son testicule droit avec de la myrrhe, le place en pessaire avec de la laine, comme il est dit, puis a des rapports sexuels, aussitôt il y aura conception.

6] Mais le testicule gauche, placé dans de la peau de mulet et porté, empêche la conception. Il faut écrire sur la peau du mulet, ces paroles

: ΙΩΑ', ΩΙΑ', ΡΑΥΙΩ', ΟΥ', ΟΙ'ΚΚΟΧΡ. Si tu ne le crois pas, fais l'épreuve sur un oiseau qui pond, et il ne pondra plus.

7] Coupes-lui les testicules au déclin de la lune, puis lâche-la vivante, et donne à porter ses testicules dans de la peau de mulet : c'est un philtre contre la conception, invincible et doux.

8] Conserve son sang avec du vinaigre et donne-le secrètement à boire à une, personne qui crache le sang ou à un épileptique; et lorsqu'il l'aura pris, le malade sera parfaitement guéri.

LETTRE Δ

ΠΕΡΙ ΔΟΡΚΑΔΟΣ
De la gazelle.

1] La gazelle est un quadrupède qui a une grande, puissance pour la conception. Si donc tu veux être capable d'engendrer puissamment et d'une manière incomparable, fais cette préparation : graine de satyrion, iv drachmes; fiel de gazelle, tout le liquide ; miel, in onces : ayant bien opéré le mélange, mets-le dans un vase de verre : lorsqu'il sera nécessaire, donnes-en sur de la charpie en pessaire, et que le rapport sexuel s'accomplisse.

2] Si tu veux enfanter un garçon, prends le fiel d'un mâle, si tu veux une fille, celui d'une femelle : car c'est une grande source de jouissance. S'il est séché, ajoute du miel en quantité suffisante.

LETTRE E

ΠΕΡΙ ΕΧΙΔΝΗΣ
De la vipère.

1] La vipère est un animal rampant, connu de tous. Quelques-uns l'écrasent vivante, la mettent dans une marmite neuve, grande, avec du sel, la placent sur un fourneau pendant un jour et une nuit jusqu'à ce qu'elle soit grillée, puis après avoir bien remué, ils y joignent des aromates. Ils agissent ainsi contre toute maladie, l'éléphantiasis, la lèpre, l'épilepsie, la paralysie et toutes les maladies désespérées que le sel guérit.

2] La graisse de la vipère rend la vue perçante, elle guérit toute sorte; d'amblyopie.

3] Ses yeux, portés en phylactère, guérissent toute ophtalmie ; ses dents, l'odontalgie ; et grâce à elle, les enfants font leurs dents sans douleur.

4] La pierre gagate, brûlée, la met en fuite, et lorsqu'on la boit mêlée à la moelle de cerf, elle guérit les morsures de la vipère.

ΠΕΡΙ ΕΧΙΝΟΥ ΧΕΡΣΑΙΟΝ
Du hérisson.

5] Le hérisson, appelé aussi porc-épic, est un animal terrestre tout à fait malfaisant. L'ayant pris et salé, tiens-le pour un puissant remède.

6] Toutefois, jette son fiel, parce qu'il est dangereux.

7] Sa tête, réduite en cendres et frottée avec du miel, arrête la chute des cheveux.

8] Un peu de son corps salé et donné sec en potion guérit l'épilepsie, les tremblements, les vertiges, les maux de tête et les affections analogues, ainsi que les reins et la goutte sciatique. Donnes-en 1 drachme.

9] Sa peau, réduite en cendre, en particulier, puis broyée, arrête la chute des cheveux.

10] Ayant donc salé et séché le reste de son corps entier avec ses entrailles, à l'exception de son fiel et de ses intestins, après les avoir bien broyés, mets-les de côté : donnes-en à boire, avec de l'oxymel, 1 drachme aux gens atteints d'éléphantiasis, aux hydropiques et à ceux qui ont des tumeurs.

11] Semblablement son foie, ses reins, son cœur et son poumon, salés ensemble, guérissent les mêmes maladies.

ΠΕΑΙ ΑΙΛΟΥΡΟΥ, ΗΤΟΙ ΚΑΤΤΑΣ
Du chat.

12] Le chat est un animal connu de tous. Si un épileptique est pris d'une attaque et tombe à terre, ou qu'un vertige ou l'apoplexie frappe quelqu'un et que l'homme soit étendu, couché sur le dos, atteint de convulsions, si on pose immédiatement sur lui un chat vivant, aussitôt les spasmes, le vertige ou l'épilepsie cesseront. Prononce aussitôt ce mot : ΚΟΒΕΛΘΩ'.

13] Sa fiente, parfumée d'iris, employée comme liniment, guérit les fièvres légères.

14] La même desséchée, broyée avec de la moutarde et du vinaigre, arrête la chute des cheveux.

ΠΕΡΙ ΕΚΑΦΟΥ
Du cerf.

15] Il y a trois sortes de cerfs ; animal d'ailleurs connu. L'une s'appelle platonis (daim), parce qu'il a les cornes larges et élevées; la seconde a les cornes rondes; la troisième, la femelle, n'a pas de cornes. Le mâle ne peut la saillir qu'auprès d'une fontaine. En effet lorsqu'elle a soif, elle cherche une source, et lorsque brûlée par la soif elle boit, alors le mâle la saute. Car pressée par la soif elle ne pense qu'à boire et ne peut fuir. Dans toute autre circonstance elle ne se laisse pas saillir : aussitôt donc elle conçoit.

16] Cet animal vit cinq cents ans, à moins qu'il ne soit pris à la chasse; et il finit ainsi de sa propre mort.

17] Donne donc de la raclure de corne du véritable cerf à cornes rondes une cuillerée, avec de l'hydromel, pendant trois jours à quelqu'un qui a des coliques, et au bout de ce temps il sera délivré de son mal.

Semblablement, prise avec du miel, elle amollit la rate et fait mourir les lombrics.

18] Son fiel, bu avec du miel, fait concevoir et rend la vue.

Prends une peau de cerf, mets dedans du lait d'ânesse et de la graine de jusquiame broyée, puis attache-la à l'épaule gauche d'une femme, et elle n'engendrera pas : si tu veux en faire l'expérience, attache le phylactère à un oiseau femelle et tu verras.

[Son fiel] haché avec du satyrion, dans de la charpie en pessaire, produit, de l'aveu de tous, la conception et le plaisir.

La corne de cerf calcinée, délayée dans du vin, appliquée sur les gencives, consolide les dents branlantes ; après avoir été calcinée et lavée, elle guérit la dysenterie, les maux de ventre et les crachements de sang. Deux grains, pris en boisson, soulagent les dysentériques ; avec du lait de femme, elle enlève les granulations de l'œil.

Son foie, séché avec de l'arsenic en morceaux, pris dans du vin, au bain, guérit la toux et l'esquinancie.

Sa moelle, avec l'humeur recueillie à ses yeux, prise en boisson, soulage les gens mordus par les fauves et c'est un antidote contre tous les poisons. Si quelqu'un se couche sur une peau de cerf, il ne saurait craindre les serpents venimeux.

LETTRE Z

ΠΕΡΙ ΖΑΥΡΑΣ
Du lézard.

1] Il y a trois espèces de lézard, l'une est dite solaire, l'autre bronzée, la troisième verte.
Le lézard est un animal rampant il est vrai, mais ayant des pattes.
2] Le lézard solaire est connu de tous. Si quelqu'un porte sa patte droite attachée au bras gauche, dans un tube d'or sur lequel est gravé : ΕΒΛΟΥ' ΣΑΥΠΕ, il évitera toute maladie grave et tant qu'il vivra en le portant, n'éprouvera jamais d'infirmité.
3] Si on arrache les yeux du lézard vivant au nom du malade, toute ophtalmie sera guérie : le lézard sera relâché vivant.
4] Si lu captures un mâle et une femelle accouplés, et que tu coupes au mâle son membre, puis qu'après l'avoir desséché tu le fasses prendre à une femme, il se produira une amitié indissoluble.
5] Et si lorsqu'ils s'accouplent, tu jettes sur eux un voile ou un linge, c'est un talisman d'amour ; portée, [sa queue] produit l'érection.
6] Son foie en cataplasme guérit les clous.
7] Son fiel, putréfié dans du vin pendant xli jours des chaleurs caniculaires, détruit les poils qui poussent dans les paupières; le lézard solaire a la même vertu que le lézard vert.

8] Si donc, ayant fait deux épingles, tu en arraches les yeux d'un lézard, puis que tu le jettes dans une marmite qui contient de la terre vierge, et que tu le laisses pendant neuf jours et qu'après cela tu ouvres la marmite, tu trouveras le lézard voyant clair.

9] Lâche-le vivant; des épingles fais des bagues et porte à la main droite celle qui a arraché l'œil droit, à la main gauche, celle qui a arraché l'œil gauche, après avoir serti dans chacune d'elles une pierre de jaspe portant gravé un lézard flottant sur le ventre, avec l'inscription : ΠΕΙΡΑΝ, et au-dessous cette autre : ΧΟΥΘΕΣΟΥ'ΛΕ, et porte sur toi ; tu n'auras rien à craindre du côté des yeux pendant toute ta vie, et en donnant ton anneau à porter en talisman tu guériras toutes les ophtalmies.

Sa tête calcinée, appliquée comme onguent, fait sortir les épines, les verrues qui démangent, les verrues à queues minces et les clous.

Son foie calciné, mis sur les dents cariées, fait cesser la douleur.

Le lézard entier, fendu et appliqué, guérit les piqûres de scorpion.

LETTRE H

ΠΕΡΙ ΗΜΙΟΝΟΥ ΗΤΟΙ ΒΟΥΡΔΟΝΟΣ
Du mulet ou bourdon.

Le mulet est un animal produit par l'âne et la jument.

1] Le cérumen de l'oreille de la mule empêche absolument la conception, si on le porte dans sa peau. Si tu en donnes à prendre en breuvage à une femme à son insu, jamais elle ne pourra concevoir.

Ses sabots calcinés produisent le même effet.

2] De même, si tu donnes furtivement à manger à une femme de l'utérus de mule, cuit avec d'autres viandes, elle ne concevra jamais.

3] Si quelqu'un, ayant un catarrhe froid, baise les narines d'un mulet, il sera guéri, même s'il avait un coryza.

4] Si quelqu'un prend secrètement de l'urine de mulet et la fait bouillir avec de la cire, de l'huile et de la litharge, puis qu'il l'applique à un goutteux, l'homme guérira, mais le mulet deviendra goutteux ; pour les femmes, prends de l'urine de mule.

LETTRE Θ

ΠΕΡΙ ΘΗΡΑΦΟΥ
La théraphe, araignée.

1] La théraphe, appelée aussi tarentule, araignée, camatère [laborieuse?], par quelques-uns, salaminthe, est un petit animal à six pattes, tissant des toiles le long des murs, connu de tous; on l'appelle théraphe [chasseresse?]. Si on la prend au nom d'un malade, qu'on la pétrisse bien dans la cire et qu'on l'applique sur le front, elle guérit la fièvre tierce accompagnée de frissons.

2] Si tu la mets vivante dans un chalumeau ou dans un roseau et que tu la suspendes au cou, la fièvre quotidienne sera guérie.

3] Bouillie dans un peu d'huile de roses ou de nard, elle guérit l'otalgie et les crevasses des pieds.

4] Sa toile arrête le sang qui coule d'une veine, et la garantit contre l'inflammation.

5] La théraphe, qui fait sa toile dans les arbres, qui est noire et plus grosse que la blanche, prise au nom d'un malade et portée en amulette, guérit les écrouelles à leur début.

6] La toile de l'araignée blanche, enfumée avec l'animal, dans un roseau, guérit les ophtalmies, arrête les écoulements et tous les accidents qui surviennent dans la gorge.

7] Si l'on fait bouillir la théraphe dans de l'eau et qu'ensuite on frotte avec cette eau la tête de quelqu'un qui ne peut dormir, il dormira.

8] Si, dans la toile de l'araignée blanche, tu introduis un grain de sel et que tu l'appliques sur une dent cariée, elle guérira.

Etouffant l'araignée dans de l'huile, fais de cette huile un liniment pour les gens piqués par un aspic; aussitôt la douleur cessera et la plaie se refermera.

[Glose marginale] Comme tout cela met en évidence qu'il faut admirer la puissance de Dieu et fermer la bouche aux hérétiques ! Car, si un petit animal si infime a reçu du Créateur une telle puissance, combien doit être plus grande celle du Créateur lui-même !

LETTRE I

ΠΕΡΙ ΙΠΠΟΥ
Du cheval.

1] Le cheval est un animal royal, rapide, connu de tous. Prenant dès sa naissance l'excroissance de chair qu'il porte au front et que les hommes de cheval appellent hippomane, tu auras en la portant un puissant phylactère d'amour ; car si tu le suspends seulement au cou de quelqu'un, il t'aimera beaucoup ; si tu le mets dans un breuvage et que tu le fasses boire à quelqu'un, tu obtiendras le même effet; et, dans un aliment, tu seras pleinement chéri.

2] Le fiel du cheval, édulcoré dans un vase de plomb, produit de puissants effets; donné dans du vin à un homme, il lui apporte le soulagement.

3] Le lait de jument, employé en liniment avec du miel, fait disparaître les leucomes.

4] Sa corne brûlée fait rejeter le fœtus mort et, en fumigations, facilite l'accouchement.

5] Son fiel, employé avec du miel, rend la vue perçante.
Son crottin, appliqué, arrête toute hémorragie.

LETTRE K

ΠΕΡΙ ΚΑΜΕΛΟΥ
Du chameau.

1] Le chameau est un animal connu de tous.

2] Le lait de la chamelle ne caille pas et lors même qu'on le mêlerait avec d'autre lait, ce dernier ne prendrait pas davantage : bu chaud, il dissipe le mal sacré et le guérit. Sa chair, en aliment, produit le même effet.

Sa cervelle desséchée, bue avec du vinaigre, guérit l'épilepsie.

3] Le fiel du chameau, coagulé dans un vase de plomb jusqu'à ce qu'il soit édulcoré, pris en aliment, produit un bon effet dès le premier jour et rend agréable.

4] Sa bouse, calcinée et broyée avec de l'huile, guérit merveilleusement l'alopécie et la chute des cheveux qui suit une maladie.

5] Employée en cataplasme, comme il a été dit, elle vide les hydropiques par les urines.

6] Séchée, broyée, délayée dans de l'eau et prise en breuvage, elle guérit la dysenterie.

7] En fumigations, elle écarte les difficultés (?).

8] Sa moelle, appliquée en liniment avec de l'huile de roses sur la tête, par devant et sur tout le corps, guérit l'épilepsie, d'une façon incroyable et au-delà, de toute expression.

Du croton.

Le croton est un chien, petit comme s'il venait de naître. Ses excréments, lorsqu'il tête encore, desséchés, broyés, en liniment avec du vinaigre, guérissent l'inflammation des parties sexuelles.

Le croton, découpé vivant et placé encore chaud sur le cou ou la gorge des gens atteints d'esquinancie, les guérit admirablement comme j'en ai fait l'expérience.

Du chien.

Le premier lait de la chienne qui vient de mettre bas, est bienfaisant pour ceux qui ont été mordus par un chien enragé. Comme aussi le lait bu au lit pendant sept jours, à la dose de xvm siliques, si le malade ne peut dormir.

Le lait tiède, instillé dans les oreilles, guérit la surdité.

ΠΕΡΙ ΚΥΝΟΥ ΜΙΚΡΟΥ
Du petit chien.

9] Ce chien est l'animal qui vit avec nous, celui que nous appelons roquet. Si, quand il est petit et tétant encore, on l'approche d'un malade atteint depuis longtemps d'une maladie chronique, et qu'on le fasse coucher sur la poitrine d'une femme, d'un homme ou d'un enfant, et qu'il s'étende entièrement sur le malade dans le lit, le chien meurt, et le malade est délivré de sa maladie chronique.

10] Place la rate encore chaude d'un chien sur la rate d'un splénique, il sera guéri.

11] Sa crotte sèche, broyée, donnée en breuvage, sert à soigner l'ictère et la dysenterie.

12] Appliquée avec du miel sur la gorge et sur le corps, elle guérit admirablement l'esquinancie ; seulement, applique le remède secrètement sans que le malade le sache.

13] Prise en breuvage, elle guérit merveilleusement l'hydropisie.

14] Broyée et appliquée avec du vinaigre, sa crotte guérit l'hydrocèle et les phlegmons des parties génitales.

15] Calcinée dans un vase de terre, broyée avec de l'huile de roses, elle guérit les rhagades du fondement, et fait tomber les excroissances de chair et les hémorroïdes externes.

16] Appliquée avec de la térébenthine, elle guérit les condylomes et les hémorroïdes externes.

17] Avec de l'huile de roses, elle est bonne pour les ulcères purulents qui ne peuvent se cicatriser, mais surtout avec du cérat à la rose : avec de l'huile, elle est bonne pour les piqûres d'abeilles et de guêpes.

18] Si quelqu'un saisit de la main gauche le cœur d'un chien, ou sa langue enveloppée dans un linge, tous les chiens seront réduits au silence et mis en fuite.

19] Avec les deux yeux d'un chien blanc, de la pierre d'aimant, de la pierre opsianos, fais une préparation, comme un collyre sec, et, te teignant les cils le soir, tu verras dans l'obscurité tout ce qui se passe.

20] Si quelqu'un est malade, avec un peu de levain frotte-lui le visage, les mâchoires, les aines, les pieds et les mains, puis donne-le a manger à un chien. Si le chien le mange, le malade vivra, sinon, il mourra; mais que la pâte soit chaude.

ΠΕΡΙ ΚΥΝΟΠΟΤΑΜΟΥ ΗΤΟΙ ΚΑΣΤΟΡΟΣ
Du chien de rivière ou castor.

21] Le cynopotame est le castor : ses testicules sont utiles; ils donnent le castoréum. Broyé et appliqué comme pessaire, il fait venir les menstrues ; pris en breuvage avec du cérumen de l'oreille d'une mule, il empêche la conception ; en liniment, il détend les muscles et favorise la respiration; frotté, délayé dans du vin, il est utile pour l'hystérie ; mêlé à l'huile de rue, il guérit la colique ; en boisson, il guérit merveilleusement les maux d'estomac.

En fumigations, respiré, il est très utile pour les maladies du cerveau et du poumon.

22] Sa peau, en chaussure, guérit la goutte.

Ses excréments arrêtent le flux de sang des femmes; en fumigations, ils chassent les reptiles.

ΠΕΡΙ ΚΡΟΚΟΔΕΙΛΟΥ
Du crocodile.

23] Le crocodile terrestre, connu de tous, est un animal à quatre pattes, à large tête, à longue queue.

24] Si quelqu'un fait brûler sa peau, la broyé et la fait prendre en poudre sèche, puis la répand sur un endroit [du corps] qu'il faut brûler ou couper, cette partie deviendra insensible à la douleur.

25] Si quelqu'un se frotte avec de la chair de crocodile grillée, il ne sentira pas les blessures qu'il aura reçues.

26] Ses dents de droite arrachées, l'animal étant relâché vivant, et portées en amulette, produisent chez les hommes un très grand désir; les dents de gauche, chez les femmes.

27] Si les deux sont portées ensemble, elles produisent tout leur effet.

28] Sa fiente, employée avec de l'huile comme fard, rend le visage brillant; mêlée de miel et employée en collyre, elle guérit les leucomes.

29] Son sang, employé comme collyre, sert à soigner et guérit l'amblyopie.

Le crocodile entier, calciné jusqu'à ce qu'il soit réduit en cendres, mélangé à la farine d'orge, sert à engraisser tous les animaux, chevaux, bœufs et autres ; quelques-uns s'en servent aussi pour engraisser les hommes, de cette manière : pétrissant la cendre de crocodile avec de la farine et du miel, ils en nourrissent un oiseau, sans lui donner autre chose. Ensuite, ils le tuent, et après l'avoir fait cuire, le donnent à manger à celui qui doit être engraissé, et il devient gras, a moins qu'il n'ait laissé quelque chose des membres de l'oiseau; il faut seulement rejeter son intérieur et ses entrailles qui pourraient devenir dangereux.

LETTRE Λ

ΠΕΡΙ ΛΥΚΟΥ
Du loup.

1] Le loup est un animal sauvage, malfaisant.

2] Celui qui boit du sang de loup deviendra fou et ne pourra jamais guérir.

3] Son œil droit, porté secrètement sous les vêtements, produit les plus grands effets. Il permet de fuir au milieu de ses ennemis sans être vu ; il fait gagner tous les procès et met en fuite, loin de celui qui le porte, toute espèce de fantômes, ainsi que tout animal sauvage ou apprivoisé, et il permet de passer au milieu de ses ennemis sans être vu; il chasse également toute espèce de fièvre accompagnée de frissons.

4] Une brebis ne franchira pas la peau d'un loup.

5] Son foie broyé, séché, employé en poudre sur le corps, guérit les hépatiques.

6] Son œil droit et sa première vertèbre portés ensemble, tous les deux dans une feuille d'or, rendent honoré, vainqueur, séduisant auprès des femmes et très amoureux.

Il guérit de l'ophtalmie. Frotté sur les yeux qui suppurent, il les guérit.

Ses excréments qui sont très blancs, se trouvent dans certains taillis : pris en breuvage, ils guérissent ceux qui ont la colique.

On les mêle aussi à l'aigremoine et on les donne en breuvage. Sa graisse, délayée, en liniment, détend les muscles et les articulations, et guérit les membres retournés.

Son fiel, étendu sur la peau avec du giclet, et appliqué sur le nombril, purge le ventre mieux que tout autre purgatif.

Son cœur grillé, mangé à jeun après trois jours de jeûne, guérit la lycanthropie et les cauchemars. Si quelqu'un porte des chaussures faites de sa peau, il n'aura jamais mal aux pieds.

ΠΕΡΙ ΛΑΓΩΟΥ
Du lièvre.

Le lièvre est un animal connu de tous.

10] Son poumon haché, appliqué sur les paupières, arrête le gonflement des yeux.

12] Ses reins, desséchés, broyés, mélangés avec du poivre dans de l'hydromel, pris en breuvage, guérissent la néphrite.

La cervelle du lièvre grillée, broyée et mangée, arrête les tremblements et guérit l'incontinence d'urine.

Ayant donc brûlé et incinéré le ventre d'un lièvre, réduis en poudre puis tamise ; de même, trouve et pile du capillaire rouge et de l'adianthe, et tamise. Ensuite, mélange ces plantes avec de l'huile de myrrhe, enduis-en ta barbe et porte pendant trois jours ce cosmétique et ta barbe deviendra très épaisse.

13] Son fiel, instillé dans les oreilles avec du nard, guérit la surdité.

Son lait desséché, délayé, pris en breuvage avec de la terre de Lemnos, soulage les gens qui crachent le sang.

Avec du satyrion, sa bile, son lait et sa cervelle, placés en pessaire, procurent la conception.

Sa graisse et son lait appliqués, guérissent les ulcères venimeux.

16] Ses poils, brûlés et pilés, semés sur les brûlures, rendent la cicatrice très nette et font repousser les poils. Appliqués avec du blanc d'œuf, ils arrêtent toute sorte d'hémorragie.

18] La cervelle du lièvre bouillie, hachée et mangée, est très salutaire pour les enfants qui font leurs dents, car elle les leur fait pousser sans douleur.

LETTRE M

ΠΕΡΙ ΜΥΟΣ
Du rat.

1] Le rat de maison est connu de tous. En brûlant sa tête avec de la graisse de porc ou d'ours, et en réduisant la cendre en poudre, tu guériras les alopécies.

2] Ayant brûlé le rat tout entier, si tu fais des frictions avec du vin, du navet ou de l'huile de roses, tu guériras merveilleusement les otalgies chroniques.

3] Coupe toutes les extrémités d'un rat vivant, attache-les ensemble, suspends-les au cou, et tu feras cesser tout frisson de fièvre.

Si avec une aiguille tu fais passer un fil par sa gueule, puis que tu l'appliques sur le fondement après avoir attaché le fil, il guérira les gens de la colique.

4] Sa crotte sèche, délayée avec du vinaigre, dissipe les indurations et les douleurs inflammatoires du sein.

5] Saupoudrée sèche, elle fait disparaître les hémorroïdes.

En liniment dans l'eau, elle guérit les lèpres et les dartres.

ΠΕΡΙ ΜΥΡΜΗΚΟΣ
Des fourmis.

1] La fourmi est connue de tous. Il y a sept espèces de fourmis : les communes qui sont connues, d'autres à grosses têtes, qui sont noires, d'autres sont grandes et ailées, d'autres vivent dans les champs, d'autres courent sur les routes, d'autres encore sont appelées fourmis-lions, étant plus grandes que les autres et de couleurs variées. Celles-ci, par nature, sont carnivores et meurent plus vite.

2] Si on frotte avec la tête coupée des fourmis communes les paupières, les orgelets qui s'y forment sont guéris. Semblablement, les fourmis des champs qui ramassent du blé, produisent les mêmes effets.

3] Si après avoir fait bouillir des fourmis avec du suc d'asphodèle, tu le fais boire à quelqu'un, il sera sans force le reste de ses jours.

4] Si quelqu'un fait bouillir des fourmis dans l'eau jusqu'à réduction du tiers, et s'y baigne les pieds ou les mains, il en fera disparaître les fourmillements.

LETTRE N

ΠΕΡΙ ΝΥΚΤΕΡΙΔΟΣ
De la chauve-souris dite aussi ophea.

1] La chauve-souris est un animal à quatre pattes. Elle vole comme l'hirondelle, elle enfante et allaite comme un quadrupède.

2] Si tu fais de son sang un liniment pour frotter la place des cils arrachés, ils ne repousseront plus.

Si tu donnes sa tête à porter en amulette à quelqu'un qui souffre de fièvre tierce ou quarte, ou de léthargie ou de somnolences, il guérira.

3] Son cœur ou sa tête, portés en amulette, causent semblablement une grande insomnie.

Si tu en prends trois et que tu les suspendes dans les lieux élevés du pays, une nuée de sauterelles survenant en sera écartée. Semblablement, si tu les suspends dans des arbres élevés et que tu les déployés, toutes les sauterelles se rassembleront autour d'elles. Le même procédé est employé en Syrie.

Si une femme reçoit une bandelette ou un pessaire avec du sang de chauve-souris et qu'elle les mette avec du satyrion à l'entrée de l'utérus, puis qu'elle couche avec un homme, elle concevra, quand même jusqu'alors elle eut été incapable de concevoir.

Du faon.

Le faon est le petit de la biche : l'humeur de ses yeux, donnée avec de l'eau, est un très puissant antidote pour ceux qui ont bu un breuvage délétère.

Sa graisse, en liniment avec de la staphisaigre, purifie les ulcères, les humeurs et les pityriasis de la tête.

Le membre du cerf, broyé sec avec du vin, soulage ceux qui ont été piqués par une vipère. On le mélange à d'autres remèdes ayant les mêmes effets.

LETTRE Ξ

1] Le xylobate [qui marche sur les arbres], que d'aucuns appellent tœchobate [qui marche sur les murs], a l'aspect d'un petit crocodile.

2] Grillé et frotté sur le corps, il empêche de souffrir ceux qui sont fouettés. Il porte beaucoup à l'amour.

3] Ces petits crocodiles, mangés comme poissons, rendent ceux qui les mangent impudents et effrontés.

4] Sa fiente, avec du miel et du lait de femme, guérit l'amblyopie et les leucomes.

5] Le côté droit de sa mâchoire, porté, produit l'érection ; le côté gauche, porté par une femme, produit semblablement le dessèchement.

LETTRE O

ΠΕΡΙ ΟΝΟΥ
De l'âne.

1] L'âne est un animal connu de tous. Voici quelles sont ses vertus. Si avec le sabot de sa patte droite de devant tu fais une bague ou un anneau et que tu la donnes à porter à un démoniaque, il sera sauvé.

2] Son crottin arrête toutes les hémorragies.

3] Si quelqu'un crache le sang, qu'on prenne le sang de l'animal où on jettera et lavera le mors de l'âne, qu'on le donne au malade à manger ou à boire et il sera délivré.

4] En boisson, il sert à soigner ceux qui ont été piqués par un scorpion.

5] Le sang d'un âne vivant avec de l'échinops et de l'huile, employé en liniment, guérit la fièvre quarte.

6] Celui qui fait une bague du petit anneau de son mors et qui la porte, met en fuite les démons et détourne les fièvres.

Le lait d'ânesse avec du miel non enfumé, en injection, est bon pour soigner les écoulements acres des yeux.

Le sabot de l'âne, calciné avec du lait de femme ayant eu un enfant mâle, mis sur les yeux, enlève le trachome des paupières.

7] Si l'on dort sur une peau d'âne, on ne craint ni les démons, ni Gello [lesbienne], ni les rencontres nocturnes.

8] Après avoir mélangé des larmes d'âne à l'huile, verse-la dans une lampe et allume-la, tu verras ceux qui seront attablés avec une tête d'âne, et ils se verront de même entre eux.

9] Si après avoir pris du poil provenant d'un coup donné à un âne, on le brûle, on le pile et on le donne à boire à une femme, elle ne cessera pas de péter si le poil est celui d'une ânesse.

10] Si quelqu'un est blessé par un scorpion et qu'il dise à l'oreille d'un âne : « un scorpion m'a blessé », le blessé sera guéri, mais la blessure passera à l'âne.

Du serpent.

Le serpent est un animal malfaisant, sans pattes, rampant. Celui-ci, lorsqu'il vieillit et que sa vue s'obscurcit, veut de nouveau redevenir jeune. Pour cela, il va et vient pendant xl jours et xl nuits jusqu'à ce que sa peau se détende; puis, cherchant dans une pierre un trou étroit, il s'y introduit et y frottant son corps, il détache sa peau et redevient jeune.

Sa peau, calcinée et broyée avec du sel, mise sur les dents, fait cesser l'odontalgie. En fumigations, à l'insu du malade, avant l'accès, elle fait disparaître les frissons delà fièvre chronique.

Avec III, V ou VII noyaux d'olives en fumigations, elle soulage, comme aucun autre remède, les hémorroïdes internes et externes.

Sa peau, appliquée autour de la tête, guérit les migraines.

La grenouille d'eau, fendue vivante, appliquée et attachée, guérit les piqûres des serpents, car elle fait immédiatement sortir au dehors le venin.

LETTRE Π

ΠΕΡΙ ΠΡΟΒΑΤΟΥ
Du mouton.

1] Le mouton est connu de tous. Sa graisse et sa moelle font le savon. Il sert à de nombreux usages.

2] Voici les effets du bélier : si on scie sa corne et qu'on en fasse un petit peigne, en s'en servant, il est bon pour la migraine. Mais, celui fait avec la corne droite est utile pour le coté droit, celui fait avec la corne gauche, pour le côté gauche.

3] Lorsque le soleil est dans le signe du Bélier, si tu fais sécher la crotte du mouton et que tu l'appliques avec du vinaigre à ceux qui ont des maux de tête, ils seront soulagés.

4] Les vers qui sont dans l'intérieur des cornes, sont un philtre d'amour incomparable.

5] La fumée de sa corne brûlée calme l'hystérie.

6] Le poumon du mouton, mangé à jeun, garantit de l'ivresse celui qui le mange, quelle que soit la quantité qu'il boive.

7] Son foie bouilli, appliqué sur les joues des femmes, leur donne des couleurs et un joli visage.

8] Sa graisse est employée pour les pessaires.

9] Le poumon de l'agneau, séché et broyé, donné à boire à ceux qui sont intoxiqués, les sauve du danger [de mort].

10] Le fiel et le sang de l'agneau servent à soigner les épileptiques.

La crème de son lait, en liniment, détourne la peste.

Sa cervelle grillée, broyée et mangée, aide merveilleusement la dentition des enfants.

Sa laine, non dépouillée de sa crasse et sale, sert à dissiper l'inflammation qui suit les blessures de traits ou de pierres. Avec un mélange d'huile et de vin, chauffée doucement et employée en liniment, puis brûlée, elle devient siccative au point de faire disparaître les chaires amollies par les ulcères.

Son poumon, quand le mouton est jeune, employé comme cataplasme, guérit l'enflure des mains et des pieds.

Crois que sa graisse peut t'être utile.

LETTRE P

ΠΕΙ PINOKEPOY
Du rhinocéros.

1] Le rhinocéros est un quadrupède ressemblant au cerf, ayant sur le nez une très grande corne. On ne peut le prendre que par le parfum et la beauté de femmes bien habillées; il est, en effet, très porté à l'amour.

2] La pierre qui se trouve à l'intérieur de son nez ou de sa corne, portée, chasse les démons.

3] Ses testicules ou son membre, pris en breuvage, provoquent au plus haut degré les rapprochements sexuels entre les hommes et les femmes.

LETTRE Σ

ΠΕΡΙ ΣΥΑΓΡΟΥ
Du sanglier.

1] Le sanglier est un porc sauvage. Ses testicules, pris en breuvage, provoquent les désirs vénériens.

2] Ses excréments, broyés avec du vinaigre, guérissent l'érysipèle : son fiel également.

3] Sa présure, en boisson, est efficace dans les empoisonnements mortels, car c'est un contrepoison.

Ses sabots, calcinés, délayés dans du vin, pris en breuvage à jeun, guérissent les maux de ventre.

Sa cervelle, délayée avec de l'amidon et de l'huile de roses, employée en liniment, calme les douleurs de la goutte.

La pointe de son foie hachée, délayée avec un peu d'eau, étendue avec une plume, est bonne pour soigner les érysipèles et les herpès.

Ses excréments, en fumigations, suppriment la fièvre tierce et guérissent l'hystérie.

Les excréments de la laie, délayés avec du miel, guérissent les écrouelles et toutes les indurations des seins.

ΠΕΡΙ ΣΚΙΓΓΟΥ ΖΩΟΥ
Du caïman.

4] Le caïman est un animal terrestre, semblable au crocodile, qui se trouve dans la Mélanitide.

5] L'extrémité de sa queue, ses testicules et ses reins excitent le membre à la copulation, si on les donne en breuvage.

ΠΕΡΙ ΣΑΛΑΜΑΝΔΡΑΣ
De la salamandre.

6] La salamandre est un quadrupède plus grand que le lézard vert, qui vit dans les buissons et dans les bois.

7] Son cœur, porté, rend le porteur sans crainte du feu, intrépide dans l'incendie et incombustible.

8] L'animal, jeté dans le feu ou dans un fourneau, éteint toute flamme.

9] Et si on fait porter son cœur en amulette aux gens brûlés par la fièvre, aussitôt la fièvre tombe.

10] Si une femme le porte attaché à ses genoux, elle ne concevra pas et elle ne verra plus ses époques.

11] Si tu l'enfermes dans une peau noire et que tu le suspendes au coude, tu guériras la fièvre tierce, quarte et toute espèce de fièvre.

12] Brûlée et saupoudrée, elle fait disparaître les fourmillements et les clous des mains et des pieds.

Quelques-uns mélangent aussi cette cendre pour le psoriasis, la lèpre et les abcès purulents.

LETTRE T

ΠΕΡΙ ΤΑΥΡΟΥ
Du taureau.

1] Le taureau est connu de tous et audacieux.

2] Le fiel du taureau, mélangé avec des jaunes d'œufs, employé en liniment, rend les cicatrices de la même couleur que la peau environnante.

3] Mélangé avec du vinaigre et de la terre de Cimole, il guérit les dartres noires, le pityriasis de la tête, les taches de rousseurs et les éphélides qui surviennent aux femmes à la suite de couches; car l'animal n'est pas seulement puissant, mais sa vertu pénètre à l'intérieur (V. I.). Et si un homme le (?) porte il connaîtra tout.

4] Également, si une chèvre sans cornes le (?) porte, elle rendra des oracles.

5] Si on le suspend au cou d'une statue, elle rendra aussi des oracles, et ceux qui font de faux serments révéleront leur secret et feront des aveux ; et ils apporteront de très grandes offrandes religieuses dans ce lieu même.

6] Prenant donc un épervier de mer, étouffe-le dans de l'eau de pluie ; étouffe également une huppe dans l'eau ; puis, leur arrachant les yeux, prépare-les avec de la myrrhe, du safran et fais-les sécher à l'ombre, loin du soleil.

7] Veillant sur leurs corps, enfouis-les dans la terre à l'endroit où est celui qui les porte, soit homme, soit tout autre être.

8] Prenant leurs yeux, porte-les.

9] Appliqué avec du miel, le fiel de taureau guérit merveilleusement les maladies de l'estomac.

10] Mêlé avec le double d'huile d'iris et appliqué en pessaire, il fait venir le jour même les menstrues en abondance.

11] Avec de l'huile de marjolaine et de la fleur de nitre, appliqué [en pessaire], il fait sortir le fœtus mort.

12] Seul, employé en liniment autour de l'anus ou du nombril, le fiel fait évacuer le ventre mieux qu'un clystère.

13] En cataplasme sur le nombril, il fait sortir les helminthes.

14] La bouse du taureau arrête les hémorragies nasales, l'alopécie et la chute des cheveux après une maladie.

15] Son sang desséché, délayé avec de l'huile de fruits verts, et employé comme teinture, noircit les cheveux blancs, mais il faut que le taureau soit noir.

16] Lorsqu'un taureau meurt, dans les VII jours il engendre des vers qui au bout de XXI jours enfantent des abeilles qui font du miel : il faut les rassembler dans des ruches et les conserver.

Son sang desséché et absorbé mûrit les abcès et guérit la dysenterie.

Sa corne calcinée, absorbée avec de l'eau, arrête le flux des femmes. Brûlée et délayée dans de l'huile de fruits verts, elle sert à noircir les cheveux blancs.

ΠΕΡΙ ΤΡΑΓΟΥ
Du bouc.

17] Le sang du bouc, sec, avec des noix de galles et du grenadier sauvage, donné en aliment, sert à soigner les gens atteints de dysenterie.

18] Semblablement, enferme-le dans un chaton d'or rond avec de la langue de grenouille, du cinnamone ou du musc; puis, après l'avoir cousu dans une peau de cerf, porte-le comme amulette ou place-le dans une figure d'animal, et dans cet endroit il y aura des sacrifices renommés. Et l'épervier commun fait la même chose. Mais tiens cela secret.

19] La graisse provenant de ses reins, cuite avec de l'eau de gruau ou de riz, sert à seringuer les oreilles.

20] Le ladanum qui provient de sa barbe, mélangé avec du vin et de l'huile de fruits verts, agit contre les alopécies et la chute des cheveux; employé en frictions avec du vinaigre, il calme les maux de tête.

21] Sa graisse, avec du gui et de la sandaraque broyés, mise sur les ongles atteints de la gale, les déracine.

22] Si quelqu'un enduit de myrrhe les narines d'un bouc et les frotte avec sa main, on lui fait par le plaisir émettre du sperme; si de ce sperme on enduit le membre d'un homme, il aura une très grande érection, irrésistible et redoutable pour les femmes.

LETTRE Y

ΠΕΡΙ ΥΑΙΝΗΣ
De l'hyène.

1] L'hyène est un quadrupède sauvage, de double nature : car elle nait femelle et après une année devient mâle : ensuite, après une nouvelle année, elle redevient femelle : de sorte que tantôt elle saillit, tantôt elle est saillie, porte et allaite. Voici ses vertus.

2] Le fiel de cet animal édulcoré est puissant. On prépare grâce à lui une très grande apparition. En voici la composition : les yeux du poisson glaucus et toute la partie liquide du fiel de l'hyène : broyé le tout ensemble et dépose dans un vase de verre, surtout couvre-le bien.

3] Si tu veux faire une très grande apparition, agis ainsi. Après avoir disposé une lampe, si tu mêles de la graisse d'un reptile ou d'un animal quelconque avec un peu de la composition susdite et que tu en enduises une mèche de papyrus ou de laine et que tu montres aux spectateurs des tableaux éclairés par la lampe, ils croiront voir l'animal dont la graisse est là, soit lion, soit taureau, soit serpent, soit tout autre.

4] Si tu veux faire apparaître un animal, mélange avec un peu de la composition la graisse de celui que tu voudras et mets-la sur des charbons ardents au milieu de ta maison et l'animal dont tu auras employé la graisse apparaîtra. La même composition agit pour les oiseaux.

5] Si tu mêles un peu d'eau des flots de la mer à la composition et que tu en jettes des gouttes sur les convives d'un banquet, tous prendront la fuite, convaincus que la mer arrive au milieu d'eux.

6] Si lu sacrifies une hyène pendant que la Terre est dans les Gémeaux ou dans la Vierge, et que tu donnes secrètement de son poumon bouilli aux lunatiques, ils seront guéris. J'ai su cela el j'en ai été surpris au sujet d'un épileptique qui était souvent atteint de crise et qui n'est plus jamais tombé.

Donnes-en II ou III onces. J'ai eu connaissance de ce remède et je m'en sais servi.

7] Il y a également une autre préparation. Car son fiel est efficace pour les amblyopies, la jaunisse au début, les commencements de la cataracte, les néphélions, la chute des cils et celle des sourcils.

8] Voici la formule : fiel VI drachmes; nerprun indien, II dr; baume, I dr. ; myrrhe, III dr. ; piloselle (c'est la laitue sauvage), VIII dr. ; poivre, I dr. ; miel, VI onces. Après avoir bien broyé le tout et fait un collyre liquide, mets-le dans un vase de terre et employé.

9] Si tu donnes de la graisse d'hyène à un hydrophobe ou à un homme mordu par un chien enragé, il sera sauvé. Mais donne-la sans qu'ils le sachent.

10] Si tu arraches les deux yeux d'une hyène vivante et que tu les portes à ton bras dans un morceau de pourpre, tu écarteras toute crainte nocturne et Gello qui étrangle les petits enfants et empêche les accouchements, et tout démon sera mis en fuite.

11] Son ventre séché, coupé et mélangé avec de l'huile d'iris, et employé en frictions, sert à soigner les cholériques et ceux qui souffrent d'une grande évacuation et de douleurs dans les articulations.

12] Si tu suspends sa patte droite dans un vase et que tu fasses boire dans ce vase un homme mordu par un chien enragé ou un hydrophobe, aussitôt il sera sauvé.

13] Son foie, donné en aliment, guérit la fièvre quarte et ceux qui sont atteints de tremblement ou de maladies de cœur. Dans tous les cas, donne-le secrètement.

14] Si quelqu'un porte sa langue dans sa chaussure droite et marche, hommes et chiens, tous seront réduits au silence, car elle inspire le silence.

15] L'épiploon de ses intestins, fondu avec de l'huile, est efficace pour toutes les inflammations.

16] La moelle de son épine dorsale, employée comme liniment, guérit toute douleur des reins et de l'épine dorsale.

17] La graisse des os de ses hanches, passée dans la fumée, est d'un grand secours aux femmes dont l'accouchement est laborieux.

18] La vessie de l'hyène sèche, broyée, donnée à boire avec du vin aux enfants qui urinent involontairement au lit, les guérit.

19] Un peu de sa peau, portée, ou des chaussures faites avec cette peau et portées, servent à soigner les podagres, ceux qui souffrent des genoux, des mains, les arthritiques et fait immédiatement cesser toute espèce de rhumatismes et de douleurs des muscles.

20] Son fiel, frotté sur le front et sur les paupières, guérit tous les rhumatismes des yeux, toute ophtalmie ; en friction avec du miel, elle donne une vue perçante.

21] La peau de l'hyène éloigne les chiens; suspendue devant les portes, elle écarte toute trahison.

LETTRE Φ

ΠΕΡΙ ΦΩΚΗΣ
Du phoque.

1] Le phoque est un animal à quatre pattes, aquatique, amphibie. Il enfante comme les quadrupèdes, il a beaucoup de vertus. En effet, sa cervelle prise en boisson, chasse les démons.

Il a les pattes de devant semblables aux mains humaines ; sa tête est celle d'un veau.

Sa présure a la vertu du castoréum.

2] Sa tête, calcinée et broyée avec de la résine de cèdre, sert à soigner l'alopécie et les maladies analogues.

Son poumon séché, bu avec du vin, guérit la folie et l'épilepsie.

3] Son œil droit, porté dans une peau de cerf, fait aimer et réussir celui qui le porte.

4] Egalement, son cœur ou sa présure, portés, éloignent toute difficulté et procurent toutes sortes de bien à celui qui les porte.

5] Si tu portes, attachés dans une peau de cerf, les poils du nez d'un phoque, je dis les grands et durs, et que tu t'avances au milieu d'ennemis, ils t'accueilleront tous comme un ami.

Si avec sa peau on fait des chaussures et qu'on les porte, on n'aura pas mal aux pieds. Ses excréments font disparaître l'obésité et ont beaucoup d'autres vertus.

6] Sa langue, portée sous les sandales, donne la victoire.

7] Sa graisse guérit toute espèce d'inflammation et de douleur des articulations, et sert à soigner les enfants noués comme un petit phoque.

8] Sa peau, portée en ceinture, sert à soigner les reins et les hanches.

9] Sa viande, mangée, et son sang séché, bu avec du vin, en secret, guérit l'épilepsie, la folie, les étourdissements et toutes les affections de même nature.

10] Egalement son foie, son poumon et sa rate séchés, en boisson, guérissent les affections semblables et toutes les maladies analogues.

11] La fumée de ses os brûlés accélère l'accouchement.

12] Son fiel, employé comme collyre avec du miel, sert à soigner toute espèce de maladies.

13] Sa cervelle, en boisson, sert à soigner le mal sacré.

14] Si quelqu'un enferme dans une peau de cerf, ou de phoque un cœur de phoque, la pointe de sa langue, les poils de son nez, son œil droit et sa présure, et porte ce phylactère, il sera vainqueur de tous ses ennemis à la guerre, sur terre et sur mer; toute maladie, souffrance, crises, démon, bêtes féroces seront écartés de lui ; il sera riche, heureux et désiré.

ΠΕΡΙ ΦΡΥΝΟΥ ΒΑΤΡΑΧΟΣ
Du crapaud.

15] Le crapaud a l'aspect d'une grenouille jaunâtre, vivant sur terre. S'il bave sur un homme, celui-ci devient tout à fait chauve.

16] Son sang détruit les poils.

17] Une grande quantité de crapauds, jetés en vie dans l'huile avec une touffe de thym, de marrube et de scille et bouillis pendant trois jours et trois nuits dans un fourneau de bains, guérissent incroyablement les goutteux.

18] Si, après avoir broyé son foie, on le jette dans l'eau d'un bain, celui qui se baigne perdra tous ses cils.

19] Si tu jettes un crapaud dans une marmite neuve et que tu le déchiquettes jusqu'au moment ou il sera réduit en charbon, sa cendre, purifiée avec du vinaigre, guérira toute hémorragie des hommes et des femmes, des reins ou de l'utérus, et elle arrêtera l'écoulement d'une veine ou la coupure d'une artère, et pour tout dire, toute hémorragie d'où qu'elle provienne. Si tu veux en faire l'épreuve, prends un couteau, fais une friction de cendre, saigne un quadrupède, celui que tu voudras, son sang ne coulera pas.

LETTRE X

ΠΕΡΙ ΧΑΜΑΙΛΕΟΝΤΟΣ
Du caméléon.

1] Le caméléon est un animal qui ressemble au crocodile. A chaque heure du jour il change de couleur. Il a la face d'un lion, les pieds et la queue d'un crocodile, sa couleur est changeante. De sa tête à sa queue s'étend un muscle dur : «n l'arrachant au nom d'un malade et le suspendant à son cou, il guérit la contracture des muscles.
2] Son fiel édulcoré est bon le jour même ; quant à ses autres membres ils ont les mêmes vertus que ceux du phoque et de l'hyène.
3] Sa langue, portée et retenue avec de la racine de son herbe (chaméléon, atractylis gummifera) et de buglosse, est un phylactère très puissant pour faire taire ses ennemis.

Du cochon.

Le cochon, appelé aussi porc, est connu de tous.
Son poumon sert à soigner les meurtrissures faites par les chaussures.
L'urine des porcs châtrés est parfaite pour purifier; ceux qui en ont bu en temps de peste ont été sauvés ; elle sert à soigner les lèpres et les purulences des plaies, les humeurs purulentes et les dartres farineuses, et elle

agit sur les blessures des pieds au point de les préserver de toute inflammation.

Son fiel et sa graisse, mêlés à l'huile d'amandes, instillés dans les oreilles, font cesser les maux d'oreilles.

Sa cervelle, bouillie avec du miel, écrasée et mise en emplâtre, détruit le charbon; avec de l'amidon en cataplasme, elle soulage les goutteux.

La graisse du verrat, délayée avec de l'huile de roses, sert à soigner les pustules malignes et les humeurs purulentes.

Le foie du verrat sec, broyé, bu avec du vin, guérit les piqûres des serpents.

LETTRE Ψ

ΠΕΡΙ ΨΑΜΜΟΔΥΤΟΥ
De la psammodyte.

1] La psammodyte est la taupe dont il a été parlé dans la première lettre. Autant elle a de membres, autant elle a de vertus utiles, à ce point qu'elle sert à soigner l'épilepsie, les dartres, les maux de pieds, l'éléphantiasis, l'ophiasis ; puis l'animal est très utile, avantageux et tout à fait affectueux.

ΠΕΡΙ ΨΥΛΛΟΥ ΘΑΛΑΣΣΙΟΥ
De la puce de mer.

2] La puce trouvée sur les rivages de la mer, bouillie avec de l'huile de roses ou de peuplier blanc, soulage les maux d'oreilles.

3] Fais bouillir un bon nombre de puces de mer dans de l'eau de mer avec la plante psyllium (plantain des sables) et asperge l'endroit où il y a beaucoup de puces, jamais elles ne reviendront.

4] Si un pêcheur se sert de puces pour appât, sa pêche sera heureuse. Attache-les avec une ligature de peau de dauphin.

LETTRE Ω

ΠΕΡΙ ΩΩΝ
Des œufs.

1] Quant aux œufs de l'araignée, trouvés au commencement du printemps sur les routes, et à ceux de la tarentule même, si tu les prends au nom d'un malade, que tu les enveloppes dans un chiffon noir, que tu les suspendes au bras gauche, ils guérissent les fièvres tierce, quarte et quotidienne. Il faut les prendre au déclin de la lune, quand elle est dans le signe du Poisson, un jour de sabbat, vers la IXe heure, pour la fièvre quotidienne I, pour la demi-tierce N, pour la tierce M, pour la quarte IV, et les suspendre au cou ou au coude.

Les coquilles d'œufs d'oiseaux, calcinées, délayées avec de l'oxymel et prises en breuvage, guérissent l'hémorragie de la vessie.

L'œuf entier, calciné jusqu'à réduction en cendres, délayé avec de l'arsenic et insufflé dans les narines, arrête les saignements de nez.

Le blanc de l'œuf, en liniment avec de la céruse et de l'amidon, calme les inflammations.

2] En fumigations ou en applications, les œufs accélèrent l'accouchement.

Fin de la deuxième Cyranide.

TROISIÈME CYRANIDE

DES OISEAUX

LIVRE MÉDICAL SOMMAIRE D'HERMÈS TRISMÉGISTE
DE LA CONNAISSANCE SCIENTIFIQUE ET DE L'INFLUENCE
PHYSIQUE DES ANIMAUX,
COMPOSÉ POUR SON ÉLÈVE ASCLÉPIOS. — DÉBUT.

LETTRE A

ΠΕΡΙ ΑΕΤΟΥ
De l'aigle.

1] L'aigle, roi de tous les oiseaux, est de couleur sombre : quand il vole sous l'éther, tout volatile frémit.

2] Il a une grande puissance. Après l'avoir pris à la chasse, garde-le vivant un jour et une nuit ; ensuite après avoir lié d'abord l'aigle et son bec, dis à son oreille : « Aigle, ami de l'homme, maintenant je t'immole pour toute cure dans laquelle tu es efficace. » Puis, prenant une épée toute en fer et brûlant des parfums, die : « Ï merveille ! »

3] Ayant pris un aigle à la chasse, celui qui portera son cœur, la peau de sa tête, ses yeux et la pointe de ses grandes ailes, sera amoureux et chéri. Et celui qui les porte dans un phylactère sera rendu par là pacifique, aimé et amoureux : et s'il s'avance au milieu des combats, il ne sera pas blessé, il ne subira pas davantage de dommages de la tempête ou de la foudre, mais en tout il sera bien vu et tranquille. Mais il faut le porter cousu dans sa propre peau, et placé dans un tube d'or.

4] Si quelque pêcheur porte sur lui son ventre ou sa tête ou la pointe de ses ailes, jamais il ne fera ni mauvaise pêche ni mauvaise chasse.

5] La saponaire, cuite avec ses ailes, guérit les gens possédés. Placé dans une maison, il détourne les combats.

(Voir les additions du Vieil Interprète latin dans le texte grec).

Son fiel, délayé avec une décoction de poireau, d'opobalaamum et de miel, en liniment, guérit l'amaurose, les troubles de la vue et la cataracte.

La fumée de ses plumes guérit la léthargie, l'hystérie et la frénésie. (Cf. texte grec, §§ 13 et 14).

Ses ongles, brûlés et broyés avec du vin vieux, employés en liniment, guérissent la douleur de la tumeur de la luette. Pris en breuvage, ils délivrent les gens empoisonnés.

Si une femme prend en breuvage la moelle de cet animal et qu'elle s'en mette un peu sur le col de l'utérus, elle deviendra incapable de concevoir.

Mets de côté ses os brûlés, réduits en poudre sèche : ils guérissent, en effet, lorsqu'on les saupoudre dessus, les ulcères des oreilles; injectés avec du vin, ils sont excellents pour l'odontalgie.

Le cœur de l'aigle, bouilli et donné en secret en aliment, ou sec dans un breuvage, procure aux femmes une grande amitié, et c'est un philtre d'amour à l'égard de leurs maris.

Ses pattes, portées, ont une grande efficacité pour faire remporter la victoire sur les ennemis.

ΠΕΡΙ ΑΛΕΚΤΟΡΟΣ
Du coq.

Le coq est un animal domestique connu de tous. Son ventre brûlé, broyé et pris en breuvage, guérit les dysentériques. Si on mange souvent ses testicules et son croupion, il en résulte l'érection et un très grand désir de rapprochement sexuel. (Voir le V. I. dans le texte grec.)

ΠΕΡΙ ΑΛΚΥΟΝΟΣ
De l'alcyon.

L'alcyon est un oiseau tout à fait joli, couleur de lapis lazuli changeante, qui vit sur les côtes de la mer et dans les étangs. Il engendre dans l'eau. Lors donc qu'il pondra ses œufs, c'est un pronostic de grand calme sur la mer, annonçant que les flots ne seront pas agités : en effet, il pond sur le bord de la mer là où les flots déferlent le plus. Il se nourrit de petits poissons. Lorsqu'il aura couvé et que ses petits voleront, de nouveau la mer, comme à l'ordinaire, recommencera à battre.

Si quelqu'un prend cet oiseau à la chasse et l'attache à sa tête dans un chiffon, celui qui dort beaucoup éloignera de lui le sommeil.

Le pilote de navire qui portera ses yeux, gouvernera son navire en toute sécurité et sans que les flots soient agités.

(Voir le V. I. — Reprise du texte grec.)

ΠΕΡΙ ΑΙΘΥΙΑΣ
De la mouette.

6] La mouette, oiseau de mer insatiable, connu de tous. S'il rencontre un navire voguant et qu'en volant il plonge dans la mer, il annonce un danger au vaisseau, mais s'il vole au-dessus ou se pose sur un rocher, il présage une heureuse navigation.

7] Son sang est un remède contre les bêtes venimeuses.

8] Son ventre séché, pris en breuvage ou porté, procure une bonne digestion et le bon état de l'estomac.

9] Son fiel, avec de la résine de cèdre, employé en collyre, ne laisse pas repousser les poils des paupières qui ont été arrachés.

10] La mouette tout entière, salée et mangée, guérit l'éléphantiasis. Elle a la même vertu pour la rate.

11] Ses œufs guérissent la dysurie, les reins et l'estomac.

LETTRE B

Du boros.

Le boros [le gourmand] est un oiseau noir connu de tous, car c'est celui que tous appellent corneille. Sa fiente, bue avec du vin, guérit la dyspnée et la toux. Son sang desséché, bu dans du vin, à la dose d'une cotyle, guérit l'hydropisie. Son cœur rôti, donné à une femme à son insu, soit comme aliment, soit comme breuvage, est un philtre d'amour pour elle à l'égard de l'homme, et si une femme et un homme qui se disputent réciproquement ou l'un des deux contre l'autre, prennent comme aliment ou comme breuvage ce qui vient d'être dit, ils changent leur haine en bon accord. La cervelle de l'oiseau, employée en pommade avec du miel et du satyrion sur le membre d'un homme, lui procure un très grand plaisir pendant ses rapports avec une femme, et celle-ci le préférera à tout autre et n'aura de rapports qu'avec lui.

ΠΕΡΙ ΒΟΥΦΟΥ
Du hibou.

1] Quelques-uns disent que le hibou est un oiseau qui aime à veiller : ne sortant pas pendant le jour, la nuit il fait grand bruit et pousse des cris.

2] Son ongle, porté au cou par les hommes, est un porte-bonheur et un phylactère contre les calomnies, contre les pillards et les menteurs.

LETTRE Γ

Du vautour.

1] Le vautour est un très grand oiseau, très utile, connu de tous. Voici l'utilité du petit du vautour. Les os de sa tête, attachés par un fil de pourpre au coude, guérissent la céphalalgie et le vertige chronique de la tête.

2] Sa cervelle, broyée avec de la résine de cèdre et de l'huile vieille, employée en frictions sur les tempes, guérit toute céphalalgie et la léthargie.

3] Son fiel avec du miel et du suc de marrube, sert à soigner la cataracte.

4] Sa graisse, mêlée à la graisse de porc, sert aux arthritiques, aux gens atteints de tremblements et de frissons, aux goutteux, aux dyspeptiques, aux paralytiques, enfin à ceux qui sont malades à la suite d'évacuations.

5] De plus, son cœur, enfermé dans sa peau, arrête toute hémorragie : tout démon, brigands ou bêtes sauvages fuiront celui qui le porte. Il sera bien vu de tous les hommes et de toutes les femmes, il vivra dans l'abondance, il aura du succès dans toutes les affaires.

6] Le cœur du vautour adulte, bouilli et donné aux femmes secrètement à manger, ou sec dans un breuvage, est pour elle un puissant philtre d'amitié et de désir amoureux.

7] Ses pattes, portées, sont merveilleusement et incroyablement efficaces pour le succès des discours, la réussite des affaires, le silence des ennemis et la victoire sur les adversaires.

8] Ses ongles, calcinés et broyés avec du vin vieux et employés en frictions sur tout le corps et pris en breuvage sont efficaces pour vaincre ses ennemis.

9] Son bec avec sa langue, porté sur soi, est bon pour les voyages nocturnes; en effet, il éloigne les démons, les bêtes féroces, tous les serpents, tout malheur, et pour tout dire, il procure toute victoire, l'abondance des richesses, le bonheur des paroles, et fait obtenir à celui qui le porte bonnes causes, gloire et honneur.

10] Porte donc avec sa langue ses yeux, étant pur de corps.

11] Si une femme fait fondre la moelle de l'oiseau et s'en frotte pendant sept jours le ventre, puis qu'elle frotte le ventre de son propre mari, elle ne concevra jamais.

12] De ses os calcinés et broyés, fais une poudre sèche; car elle guérit tout ulcère qui en est saupoudré : bue avec du vin et employée pour laver les dents, elle guérit l'odontalgie.

13] Son fiel avec une décoction de marrube, d'opobalsamum et de miel, en collyre, guérit supérieurement l'amaurose, les troubles de la vue et la cataracte.

14] Les fumigations faites avec ses ailes servent à soigner la léthargie, les spasmes hystériques et la frénésie.

15] Toutes les vertus de l'aigle, le vautour les a également; mais si nous avons passé sous silence les plus nombreux de ses emplois, il faut que tu l'utilises comme l'aigle.

De la chouette.

La chouette est un oiseau qu'on appelle aussi corbeau de nuit : elle a un diadème qui ressemble à un nimbe ou à une couronne au-dessus du visage.

Son foie, instillé avec de l'huile de roses et du nard, guérit les maux d'oreilles.

Son bouillon, bu ou mangé, fait venir le lait.

Sa tête, en aliment, sert à soigner les maux de tête et les vertiges.

Son œuf, mais le mâle, teint les cheveux blancs. Voici comment tu reconnaîtras l'œuf mâle : enfilant une aiguille avec du fil blanc, tu perceras un trou au milieu de l'œuf et tu le traverseras, si le fil noircit, l'œuf est mâle, si non il est femelle.

Si, au déclin de la lune, tu fais bouillir cet oiseau et que tu le donnes à manger à un épileptique, il sera sauvé; traite semblablement celui qui tombe frappé du mal sacré, car il est excellent pour soigner cette maladie.

De la grue.

La grue est un oiseau reconnaissable pour tous : c'est tout à fait un oiseau de présage. Lorsque les hivers doivent être durs, abandonnant les contrées septentrionales, elles gagnent l'Egypte et y vivent, puis, à l'époque du printemps, elles reviennent. Si en volant elles crient, c'est signe de beau temps; si elles se taisent, signe de pluie. Dans leur vol, elles imitent les éléments des lettres.

Sa graisse, en liniment, apporte rapidement la santé aux malades, quelle que soit la maladie.

Son ventre, en aliment, procure à celui qui le mange une bonne digestion.

LETTRE Δ

ΠΕΡΙ ΔΡΥΚΟΛΑΠΤΟΥ
Du pic-vert.

1] Le pic-vert, que certains appellent dendrocolapte est un oiseau au bec très fort qui, lorsqu'il pond, fait ses œufs dans le creux d'un arbre. Si quelqu'un bouche son nid de quelque façon que ce soit, soit avec une pierre, soit avec du bois ou une lame de fer, puis s'éloigne, le pic-vert viendra et apportera une plante qu'il connaît et en l'appliquant, il ouvrira toutes les fermetures.

2] Ses yeux, portés sur soi, procurent une vue perçante.

3] Son bec, suspendu au cou, guérit tous les maux de dents, les douleurs de la luette, l'amygdalite et l'esquinancie ; mangé bouilli, il rend promptement la santé aux malades et procure un bien-être merveilleux à ceux qui sont liés par des philtres magiques.

LETTRE E

ΠΕΡΙ ΕΡΩΔΙΟΥ
Du héron.

1] Le héron est un oiseau qui fait son nid sur les toits ou sur les maisons des villes comme l'hirondelle ; il a sur la tête une aigrette, comme une couronne, haute d'environ trois doigts.

2] Si tu suspends au cou de ceux qui ne peuvent dormir son bec avec du fiel d'écrevisse dans une peau d'âne, tu les feras dormir.

3] Si dans un diner quelqu'un met dans le vin le linge qui renferme le bec, «eux qui le boiront s'endormiront, comme si depuis plusieurs jours ils ne dormaient pas.

ΠΕΡΙ ΕΔΩΝΟΣ
Du rossignol.

4] Le rossignol est un petit oiseau connu. Au printemps, il ne cesse de chanter nuit et jour et son chant est mélodieux et son nom lui vient de ce qu'il chante toujours.

5] Si quelqu'un avale son cœur [encore] palpitant avec du miel, puis qu'il porte un autre cœur avec la langue de l'oiseau, il sera beau parleur, aura une voix claire et sera écouté avec plaisir.

6] Si quelqu'un porte ses yeux, il ne cessera de dormir tant qu'il les portera.

7] Son foie avec du miel, en collyre, rend la vue perçante.

LETTRE Z

ΠΕΡΙ ΖΗΝΗΣ
De la zéné.

1] La zéné est le petit oiseau du dieu Jupiter : il a sur la tête des plumes rouges et des plumes jaunes aux ailes, en un mot il est de plusieurs couleurs. Quelques-uns l'appellent chardonneret.

2] Mangé rôti, il est très bon pour les maux de ventre et la colique, et ceux qui entendent son chant deviennent tempérants.

LETTRE H

ΠΕΡΙ ΗΛΙΟΔΡΟΜΟΥ
De l'héliodrome.

1] L'héliodrome est un oiseau indien qui, aussitôt né, vole vers le soleil qui se lève ; mais quand le soleil a tourné, alors il vole vers le couchant. Il ne vit pas plus d'une année, mais il enfante ses petits, mâles et femelles. Il a cette qualité : si quelqu'un, après l'avoir ouvert, porte ses entrailles embaumées, il deviendra très riche : mangé, il procure la santé, et l'homme qui le portera ne sera pas malade pendant tous les jours de sa vie et s'enrichira considérablement.

Du thératès.

Le thératès [le chasseur] est un oiseau appelé aussi guépard. Sa graisse, mélangée avec du vitriol bleu, guérit les gangrènes : avec de la cire et de la litharge, elle est bonne pour les anciennes blessures et les fistules.
Sa fiente, mélangée avec du vinaigre et de l'huile de roses, en frictions, guérit les migraines.

LETTRE Θ

ΠΕΡΙ ΘΩΠΕΙΟΥ
Du thopeios.

1] Le thopeios est un oiseau de nuit; ses yeux et son cœur, portés sur soi, écartent la crainte pendant la nuit et garantissent les yeux ; mangé, il procure le bien être et la bonne digestion.

LETTRE I

ΠΕΡΙ ΙΕΡΑΚΟΣ
De l'épervier.

1] L'épervier a la même puissance que le vautour, mais moindre. Sa fiente, bue avec du vin sucré, facilite l'accouchement, bue surtout en quantité.
2] Plumé vivant et bouilli avec de l'huile de lin jusqu'à dissolution, l'huile étant filtrée, celui que tu en frotteras sera guéri des troubles de la vue et de toute amblyopie.
3] Cet oiseau, mangé rôti, guérit le mal sacré.
4] Ses yeux, suspendus au cou, font cesser la fièvre tierce.
5] Son cœur, porté sur une partie du corps, conserve indemne celui qui le porte.
Son fiel, avec du nerprun et du crocolyte, en collyre, guérit les troubles de la vue et l'amblyopie.

Du milan.

Le milan est un oiseau sacré. Sa tête, plumée, desséchée, pelée et absorbée dans de l'eau à la dose d'une exagie, est bonne pour les gens qui ont la goutte aux pieds et aux mains.

LETTRE K

ΠΕΡΙ ΚΟΡΑΚΟΣ
Du corbeau.

1] Le corbeau, appelé aussi mamygère, est connu de tous. Pris et enfoui vivant dans du crottin de cheval pendant xl jours, puis brûlé et mis en pommade, c'est un remède excellent pour ceux qui ont la goutte aux pieds et aux mains.

2] Sa fiente, en fumigations, guérit les dartres blanches et la lèpre blanche.

3] Ses œufs, avec de l'alun, noircissent les cheveux blancs.

ΠΕΡΙ ΚΟΡΩΝΗΣ ΤΗΣ ΚΑΡΔΙΔΟΝΗΣ
De la corneille cardidone (?)

4] Le cœur de la corneille, porté sur soi, procure la concorde entre l'homme et la femme.

5] Si tu donnes en secret son intérieur rôti à une femme, elle te chérira tout à fait.

6] Si tu frottes ton membre avec son cerveau mélangé à du miel et du satyrion et que tu aies des rapports avec une femme, elle te chérira et ne se donnera pas à un autre qu'à toi.

7] Son sang desséché, mêlé à deux cuillerées de vin, pris dans un breuvage, guérit merveilleusement les hydropiques.

8] Si quelqu'un a mal au pied, prends une corneille sans blessure, coupe-lui l'ergot de la patte droite auprès de l'articulation, puis après avoir fait un phylactère, attache-le sous le pied du malade en état de pureté ; puis ayant frotté toute la corneille avec de l'essence de térébenthine ou avec de l'huile, laisse-la s'envoler vivante. Attache son ergot au pied malade; si c'est le pied gauche, l'ergot de gauche, si c'est le pied droit, l'ergot de droite. Mais que le phylactère ne soit pas mouillé et qu'il ne tombe pas à terre, mais qu'il soit porté attaché dans une peau de cerf. Et lorsque tu coupes l'ergot, dis : « J'enlève ton ergot pour la guérison de la sciatique, de la goutte et de toutes les articulations. » Et l'ayant frottée, laisse-la partir.

De la calandre.

La calandre est un petit oiseau connu de tous ; elle a une huppe sur la tête. Bouillie et mangée continuellement avec son bouillon, elle est excellente pour la colique et la dysenterie.

ΠΕΡΙ ΚΙΣΣΑΣ
De la pie.

9] La pie est un oiseau intelligent qui imite la voix de l'homme.

10] Son cœur, porté sur soi, avec de la racine de lierre, calme les attaques de nerfs des femmes. Semblablement, c'est un remède pour la dysurie.

11] C'est un oiseau de couleur changeante, qui rend vertueux celui qui le mange.

ΠΕΡΙ ΚΟΣΣΥΦΟΥ
Du merle.

12] Le merle est un oiseau à la voix agréable, qui chante beaucoup pendant l'été : son plumage est entièrement noir : seul son bec est couleur d'or.

13] Bouilli dans de l'huile vieille, jusqu'à dissolution, si on frotte de cette huile un malade qui a les membres retournés, il sera guéri ; il est également un remède pour la sciatique.

LETTRE Λ

ΠΕΡΙ ΛΑΡΟΥ
De la mouette.

1] La mouette est un oiseau de mer. Elle a les mêmes vertus que l'alcyon.

2] Possédant un cœur de mouette, entre chez une femme dont l'accouchement est pénible, elle enfantera aussitôt; mais pendant qu'elle accouche, retire-toi, de peur qu'elle ne rejette quelque chose de plus.

3] Son ventre, séché, pris en breuvage et porté, procure une excellente digestion.

ΠΕΡΙ ΛΑΜΠΥΡΙΔΟΣ
Du ver luisant.

4] Le ver luisant est un ver ailé qui vole pendant l'été, et qui brille pendant la nuit comme une étoile : il a une lampe dans le sphincter.

5] Si tu l'enveloppes dans une peau de mulet et que tu le suspendes au cou d'une femme, elle sera infailliblement hors d'état de concevoir.

6] Si on met un ver luisant dans un endroit où il y a des puces, elles s'enfuiront.

LETTRE M

ΜΕΡΙ ΜΕΡΟΠΟΣ
Du guêpier.

1] Le guêpier est un oiseau tout vert; mais ses ailes sont couleur de pourpre : quelques-uns l'appellent gangrène. Il est intelligent et a beaucoup de vertus comme l'alcyon. Lorsqu'il a des petits et que quelqu'un veut les lui prendre, il les transporte de place en place ; et lorsqu'il leur donne à manger, il vole dans différents endroits pour qu'on ne sache pas où il les nourrit.

2] Son cœur est utile pour composer des philtres; mangé, il soulage les gens malades du cœur, du foie ou de l'estomac.

3] Il est nommé mérops [mortel], parce qu'il prend place immédiatement après l'homme et met son amitié en lui.

4] Son fiel, avec du miel et du suc de rue, guérit la cataracte.

Sa fiente avec du vin, en onguent, soulage les gens malades du cœur. Son cœur, broyé et pris en breuvage, secourt les malades du foie et procure l'amitié.

Les melissoi, oiseaux à huppe noire.

Le melissos [protecteur des abeilles], est un oiseau qui chante bien l'été. Calciné, broyé avec du miel, en liniment, c'est un remède pour les mélicéris et les tumeurs graisseuses. Mangé rôti, il guérit la dysenterie.

LETTRE N

ΠΕΡΙ ΝΗΣΣΗΣ
Du canard.

1] Le canard de rivière et d'étang est un oiseau connu de tous.

2] Son sang chaud ou séché, bu dans du vin, sauve ceux qui le boivent quand ils ont été mordus par des animaux malfaisants ou par une vipère, et procure la force et la santé.

Sa graisse, en onguent, est utile pour la bonne santé et pour de nombreux usages.

LETTRE Ξ

ΠΕΡΙ ΞΟΘΥΡΟΥ
Du xouthros.

1] Le xouthros, que d'autres nomment strouthos est un oiseau appelé aussi pyrgite ou trogl[od]ite [qui niche dans les tours].

2] Sa fiente, bue dans du vin, cause une grande érection.

3] Employée en pommade, avec de la graisse de porc, elle arrête l'alopécie.

4] Mangé rôti, il procure aux hommes la jouissance.

Sa graisse, en cataplasme avec de radiante, [appliquée] deux fois par jour sur les brûlures, procure du soulagement.

LETTRE O

ΠΕΡΙ ΟΡΝΙΘΟΣ
Des poules.

L'oiseau domestique, appelé aussi poule, est connu de tous.

1] La cervelle de l'oiseau de basse-cour, en frictions, aide à la dentition des petits enfants.

2] Bue avec du vin, elle guérit les gens mordus par un scorpion.

3] Son cœur encore palpitant, attaché à la cuisse, est excellent pour faciliter l'accouchement.

4] Son foie, broyé et appliqué en cataplasme avec de la farine d'orge et de l'eau, soulage les goutteux.

5] Sa graisse, fondue avec du nard, est utile pour les maux d'oreilles ; elle sert à faire des pessaires pour les femmes, et pour les affections nerveuses.

6] Les poussins, coupés en morceaux et posés chauds sur les ulcères venimeux, tirent tout le venin : mais il faut continuellement les changer jusqu'à ce qu'ils ne deviennent plus du tout chauds; ensuite, après avoir coupé des feuilles vertes d'olivier, les appliquer avec de l'huile et du sel sur les ulcères.

7] La fiente fraîche des poules, appliquée, guérit les engelures et les blessures occasionnées par les chaussures ; elle guérit également les verrues qui causent des démangeaisons ; bue avec du vin coupé, elle protège ceux qui mangent des champignons [vénéneux]. Sèche, broyée avec du sel de nitre et de la myrrhe sèche, elle arrête rapidement l'alopécie.

Sa fiente, bue avec de l'oxymel, convient à ceux qui ont des coliques; appliquée en liniment, elle guérit les verrues qui causent des démangeaisons et le charbon.

Sa graisse, mélangée à la staphisaigre, guérit supérieurement les suppurations et le pityriasis de la tête.

ΠΕΡΙ ΟΡΤΥΓΟΣ
De la caille.

8] La caille est connue de tous. Ses yeux, suspendus au cou, guérissent l'ophtalmie, la fièvre tierce et la fièvre quarte. 9] Son bouillon amollit le ventre ; en aliment, elle sert à soigner les reins.

LETTRE Π

ΠΕΡΙ ΠΕΛΑΡΓΟΥ
De la cigogne.

1] La cigogne est un oiseau très courageux. En effet, lorsque le printemps arrive, elles prennent toutes leur vol, enrôlant toutes sortes d'oiseaux, les oies sauvages, les canards et toute espèce d'oiseaux, puis quittent l'Egypte, la Lybie, la Syrie et se dirigent vers la Lycie, vers un fleuve qui s'appelle le Xanthus, et là, engagent la guerre contre les corbeaux, les corneilles, les geais, les vautours et tous les oiseaux carnivores. Comme ceux-ci connaissent l'endroit, ils se trouvent tous là.

2] L'armée des pélicans [lire des cigognes] se range en bataille sur un des côtés du fleuve : sur l'autre rive se dispose celle des corbeaux, des vautours et des autres oiseaux carnivores : pendant tout le septième mois, ils se préparent à la guerre : ils savent, en effet, les jours où ils doivent commencer la guerre : et lorsqu'ils commencent la guerre, leurs cris s'entendent jusqu'au ciel : et des flots de sang des oiseaux blessés coulent vers le fleuve, ainsi que des plumes dont on ne saurait dire la quantité. Les Lyciens les utilisent pour garnir leurs lits. Après leur retour de la guerre, on pourrait voir les corneilles blessées, ainsi que la foule des autres oiseaux carnivores : nombreux aussi sont les blessés parmi les cigognes, les pélicans et les oiseaux qui les accompagnent : beaucoup d'entre eux aussi tombent morts pendant la bataille.

3] La guerre qu'ils se livrent entre eux et la victoire des uns ou des autres fournit aux hommes un présage : car si l'armée des cigognes remporte la victoire, il y aura grande quantité et abondance de blé et des autres grains : si la masse des corneilles est victorieuse, il y aura abondance de brebis, de bestiaux, de bœufs et d'autres quadrupèdes.

4] Les cigognes ont aussi une autre particularité remarquable : car lorsque les parents vieillissent et ne peuvent plus voler, leurs enfants, les soutenant de chaque côté sous les aisselles, les transportent d'une place à l'autre et les nourrissent ainsi. Et lorsqu'ils n'y voient plus clair, leurs enfants leur mettent la nourriture dans le bec et cet échange, ce payement en retour, s'appelle ἀντιπελάργωσις, piété filiale.

5] Les œufs de la cigogne ont cette propriété : dissous dans du vin, ils noircissent les cheveux. Mais il faut frotter le front et les yeux avec du levain : il faut aussi après avoir teint les cheveux, les laver et les oindre d'huile de myrrhe ou de verjus, dans quoi on aura fait fondre de la graisse d'ours ou de sanglier.

6] Si tu prends un petit poussin d'une cigogne, que tu le mettes dans une marmite neuve, et qu'après l'avoir lutée, tu le mettes cuire à sec sur le fourneau, lorsqu'il sera carbonisé, tu enlèveras la cendre, tu la broieras convenablement et tu auras un collyre sec pour le néphélion, le larmoiement, le trichiasis ; et tout cela, fais-le comme un homme de l'art ; si tu veux en faire un collyre mou, mets la cendre dans du miel non enfumé, en quantité suffisante, mélange bien et emploie.

7] Ayant enlevé à une cigogne vivante les tendons des pattes, des jambes et des ailes, donne-les à porter à des goutteux des pieds et des mains, membre pour membre, et ils seront guéris.

8] Une cigogne, mangée bouillie une fois chaque année, au printemps, avant qu'elle se soit envolée pour la guerre, conserve indemnes et sans douleurs les nerfs et les articulations de celui qui l'a mangée : car elle fera fuir la goutte aux pieds, aux mains, aux genoux, la sciatique, l'arthrite, l'opisthotonos et toutes les maladies nerveuses et articulaires.

9] Sa fiente, en cataplasme avec des feuilles de jusquiame et de laitue, soulage les goutteux.

10] Prends la peau de son estomac, lave-la dans du vin, fais-la sécher à l'ombre, tiens-la bien unie. Si quelqu'un a bu un breuvage mortel, grattesen, mets la raclure dans du vin avec de l'eau de mer, donne à boire et l'on sera conservé indemne.

11] Ses intestins, mangés, guérissent les coliques et les maux de reins.

12] Son fiel, en liniment, rend la vue perçante.

13] Si quelqu'un prend le cœur d'une cigogne victorieuse dans la guerre et le lie dans une peau d'épervier ou de vautour vaincue, et qu'il écrive sur le cœur ceci : « J'ai vaincu mes adversaires », puis qu'il suspende le tout à son bras : le porteur sera terrible et admiré ; il vaincra tous ses supérieurs à la guerre et dans les procès. C'est un phylactère inviolable, donnant la victoire et très puissant.

ΠΕΡΙ ΠΕΡΙΣΤΕΡΑΣ
De la colombe.

14] La colombe est un oiseau connu de tous. Il existe dans l'Inde un arbre appelé péridexion; son fruit est si doux et si bon que les colombes, après en avoir mangé restent dans l'arbre et y font leur nid. Le serpent craint cet arbre au point d'en fuir même l'ombre. Si l'ombre de l'arbre s'étend vers l'orient le serpent fuit vers l'occident ; si l'ombre vient vers l'occident, le serpent court vers l'orient; et la puissance de l'arbre l'empêche d'attraper les colombes. Mais si quelqu'une des colombes s'éloigne de l'arbre, le serpent les attire par son souffle et les mange. Mais si elles s'envolent toutes ensemble, ni le serpent, ni les oiseaux au vol rapide n'osent les toucher. Les feuilles de l'arbre ou son écorce, en fumigations, chassent toute espèce de mal.

15] Le sang chaud de la plume de la colombe, versé goutte à goutte, calme et guérit les troubles et les irritations purulentes des yeux.

16] Sa fiente, mélangée à de la farine d'orge et d'iris, de la glu et de la graisse de porc, détruit tout à l'entour les gangrènes et fait sortir les écrouelles ; en pommade, avec du vinaigre, elle fait disparaître les boutons et les taches du visage et les marques. Avec de la racine de cèdre elle guérit merveilleusement, les dartres blanches, les lichens, la lèpre. Avec de la terre d'Egypte, de l'euphorbe et du safran, et frottée sur le front, elle guérit merveilleusement le mal de tête. Avec de l'huile, appliquée en onguent, elle dégage le ventre.

17] Les testicules du mâle, donnés par les hommes aux femmes, sont un philtre d'amour; il en est de même de l'utérus de la femelle donné aux hommes.

ΠΕΡΙ ΠΕΡΔΙΚΟΣ
De la perdrix.

18] La perdrix est un oiseau fourbe; elle fait prendre à la chasse ses semblables et couve les œufs des autres comme les siens; puis, lorsque les petits sont grands, elle s'éloigne pour s'appairer, laissant seule celle qui a couvé.

19] Le fiel de la perdrix, avec du miel et du jus de baumier et de fenouil, procure une vue perçante : bouilli avec des coings et des pommes, et mangé en prenant ensuite une potion astringente, il sert à soigner les coliques et les maux d'estomac.

20] Ses œufs, en aliment, excitent les désirs vénériens : on en fait des philtres d'amour ; mélangés à la graisse d'oie et appliqués au bout du sein des nourrices, ils font venir beaucoup de lait. Les coquilles de ses œufs, cassées, broyées, mêlées à la cire et à la cadmie, redressent les seins tombants des femmes.

LETTRE P

ΠΕΡΙ ΡΑΦΙΟΣ
Du raphis.

1] Le ramphios est un oiseau qui vole le long des rives du Nil ; on l'appelle aussi pélican. Il vit dans les marais d'Egypte et voici comment il aime ses enfants. Lorsqu'ils sont nés et qu'ils commencent à grandir, ses petits le frappent au visage. Ne pouvant supporter cela, les pélicans battent leurs petits sur la tête et les tuent. Mais, plus tard, leurs entrailles sont émues et ils pleurent les petits qu'ils ont fait mourir. Le même jour, la mère a pitié de ses propres enfants, elle se déchire les flancs et les ouvre, et son sang dégouttant sur les petits cadavres les ramène à la vie et ils ressuscitent naturellement.

2] Leur fiel, mêlé au nitre, guérit les dartres noires, rend les cicatrices noires de la couleur de la peau, fait briller l'argent terni et guérit toute tache noire.

3] Leur sang, en potion, guérit l'épilepsie.

LETTRE Σ

ΠΕΡΙ ΣΠΙΝΟΥ
Du pinson.

1] Le pinson est un joli petit oiseau, connu de tous, qui vit dans les champs.

2] Si on le mange, il donne la beauté et préserve l'homme de l'ivresse.

ΠΕΡΙ ΣΕΙΣΟΠΥΓΙΟΥ
Du hoche-queue.

3] Le hoche-queue est un petit oiseau qu'on rencontre le long des berges et des rives des cours d'eau. Sa queue est sans cesse agitée, d'où vient son nom.

4] Si donc quelqu'un le met avec ses plumes dans une marmite et qu'après l'avoir carbonisé et broyé, le donne dans un breuvage à une femme, elle se consumera d'amour. Car, c'est un invincible philtre d'amour, que personne ne connaît.

LETTRE T

ΠΕΡΙ ΤΑΩΝΟΣ
Du paon.

1] Le paon est un oiseau sacré de toutes couleurs, très beau, ayant son charme dans sa queue. Lorsqu'il chausse, il pousse un cri, et quand il a chaussé, il s'éloigne. Il chausse seulement au printemps. Ses œufs sont précieux pour la confection de l'or, comme ceux de l'oie. Lorsque le paon est mort, il ne se putréfie pas et n'exhale pas une mauvaise odeur, mais il demeure comme embaumé de myrrhe.

2] Son cerveau est un breuvage d'amour.

3] Son cœur, porté, procure la beauté et le succès.

4] Son sang, en potion, chasse les démons.

5] Ses entrailles et sa fiente, en fumigations, écartent toute laideur et toute folie.

6] Mangé lui-même, il sert à guérir la dysenterie.

7] Sa fiente, en potion, guérit l'épilepsie.

ΠΕΡΙ ΤΡΥΓΟΝΟΣ
De la tourterelle.

8] La tourterelle est un oiseau connu de tous; elle n'a qu'un mâle.

9] Sa fiente, avec du miel, purifie les leucomes ; mêlée à l'huile de roses, en liniment, elle sert à soigner l'utérus.

10] La tourterelle, en aliment, inspire aux hommes et aux femmes la modération dans leurs désirs réciproques.

Son sang, instillé chaud dans les yeux, en guérit les congestions.

De l'hirondelle de mer.

L'hirondelle de mer est un oiseau connu de tous. Ses excréments, bus dans du vin, produisent l'érection; délayés dans de la graisse de porc et employés en liniment, ils arrêtent l'alopécie. Sa graisse avec de radiante, en cataplasme, [appliquée] deux fois par jour, soulage les brûlures.

LETTRE Y

ΠΕΡΙ ΥΠΕΡΙΟΝΙΔΟΣ
De l'hypérion.

1] L'hypérion est la femelle de l'aigle. Sa vertu est la même que celle du mâle.

2] Sa fiente, avec du miel, guérit merveilleusement les gens atteints d'esquinancie, soulage toutes les affections de la gorge et la toux.

3] Son cœur, mangé par les femmes, les rend fortes et saines, plus fortes que les hommes, et modérées dans leurs désirs.

LETTRE Φ

Du pigeon ramier.

Le pigeon ramier est un oiseau connu de tous.
Son sang chaud, instillé dans les yeux, guérit leurs congestions, et mis sur la dure-mère, est un remède pour la folie survenant à la suite de coups. Son ventre, broyé et bu peu à peu, fait sortir les calculs des reins.

ΠΕΡΙ ΦΗΝΗΣ
De l'orfraie.

1] L'orfraie est un oiseau briseur d'os, qui non seulement se nourrit de chair, mais mange même les os.

2] Si après avoir broyé son ventre séché, on le boit avec du vin, il facilite merveilleusement la digestion ; si on le porte, il produit le même effet ; il sert également à soigner la pierre et la dysurie.

3] L'os de la cuisse de l'oiseau, attaché à la cuisse, est salutaire pour les varices des pieds.

4] Son fiel, employé en liniment avec du miel, fait cesser les leucomes et les lèpres.

ΠΕΡΙ ΦΑΣΙΑΝΟΣ
Du faisan.

5] Le faisan est un oiseau connu de tous.

6] Sa fiente, employée en liniment et bue, produit l'érection.

7] Sa graisse soulage beaucoup les gens atteints du tétanos, et les affections de l'utérus.

8] Son sang est un antidote contre les poisons.

9] Son fiel procure une vue perçante.

ΠΕΡΙ ΦΑΛΑΡΙΔΟΣ
De la poule d'eau.

10] La poule d'eau est l'oiseau dit, « au front blanc », car il est extrêmement noir, mais le dessus de son bec est blanc. Il se trouve dans les fleuves et dans les étangs.

11] Sa cervelle, mélangée à de la vieille huile, sert à soigner toutes les maladies du fondement de l'homme.

12] L'oiseau lui-même, mangé, est l'antidote nécessaire contre les poisons.

LETTRE X

ΠΕΡΙ ΧΕΛΙΔΟΝΟΣ
De l'hirondelle.

1] L'hirondelle, qui le matin réveille tout le monde par son chant, a ces vertus : si on met ses petits dans une marmite, et qu'après l'avoir lutée avec de la terre, on chauffe fortement, puis qu'on ouvre la marmite et qu'on regarde, on trouve deux petits se bécotant et deux qui se détournent l'un de l'autre.

2] Si donc tu prends ceux qui s'aimaient, que tu les broyés avec de l'huile et que tu en frottes une femme, immédiatement elle te suivra.

3] Si tu lui donnes a boire de leur cendre, elle deviendra folle d'amour ; tu la délieras ainsi : prends de la cendre des petits qui se détournaient l'un de l'autre, frottes-en la femme ou fais lui en boire, el l'amour excessif sera détourné.

4] Leur cendre et celle des mères, en liniment, avec du miel, guérit l'esquinancie; bue avec de l'hydromel, les ulcérations de la trachée-artère.

5] L'hirondelle elle-même, mangée d'une façon continue, sert à soigner le mal sacré.

6] Les pierres qui se trouvent dans l'intérieur du ventre des petits, suspendues au bras droit, guérissent les hépatiques; elles préservent de la toux, du coryza, de l'enflure de la luette et des amygdales, et de toute ophtalmie.

7] Leurs yeux, attachés au front, calment l'ophtalmie et guérissent toute fièvre accompagnée de frisson. Mangés, ils calment l'épilepsie et donnent une vue perçante.

8] Leur cendre, en liniment, rend la vue perçante. En onctions, elle est également excellente pour soigner les ulcères du pharynx et de la langue, les chancres rongeants et les gangrènes.

9] La terre de son nid, délayée dans l'eau et appliquée sur la gorge et sur le pharynx, guérit les phlegmons et l'esquinancie ; avec du vinaigre, elle calme les maux de tête.

10] Sa fiente, en breuvage, guérit les abcès. Mélangée à du fiel de chèvre, elle teint les cheveux en noir et guérit les dartres blanches.

Sa cervelle, avec du miel, est également bonne pour la cataracte.

Le fiel de l'animal, avec de la terre de Cimole, teint les cheveux.

ΠΕΡΙ ΧΑΡΑΔΡΙΟΥ
Du pluvier.

11] Le pluvier, oiseau à huppe, qui prévoit l'avenir. Car si quelqu'un est malade et que l'oiseau placé devant lui détourne le visage du malade, celui-ci meurt : mais s'il fixe les yeux sur le malade, il enlève toute maladie, puis s'envole vers le soleil et rejette la maladie, et malade et oiseau sont sauvés.

12] Son cœur et sa tête, si on les porte, rendent le porteur exempt de maladie et indemne de toute souffrance pendant toute sa vie.

ΠΕΡΙ ΧΗΝΑΡΙΟΥ
De l'oison.

13] L'oie est un oiseau connu de tous.

14] Si on coupe avec un ciseau la langue d'une oie vivante et qu'on la mette sur la poitrine d'un homme ou d'une femme endormis, ils avoueront tout ce qu'ils ont fait.

15] Sa cervelle, bouillie en décoction dans sa propre graisse avec du mélilot, appliquée, est excellente pour les crevasses, les hémorroïdes et toutes les inflammations de l'anus. Broyée avec de l'huile de roses, de la graisse, des jaunes d'œufs durs, elle est salutaire pour les inflammations de l'utérus. Avec de la moelle de cerf, elle convient pour les crevasses des lèvres et pour les engelures. Injectée avec de l'huile de lis, elle fait sortir les fœtus morts. Avec du suc de solanum, elle est excellente pour les aphtes; avec du miel, elle guérit les affections de la langue. Avec du poivre, elle est bonne pour les écoulements des oreilles, même chroniques. Broyée avec de la staphisaigre, elle purifie les ulcères charbonneux.

16] Son fiel, surtout celui de l'oie sauvage, avec du suc de marrube ou de polygonum, en pessaire, aide à la conception et produit l'érection chez les hommes.

17] Sa graisse est utile pour les pessaires, les remèdes fortifiants, les cataplasmes émollients.

18] Sa fiente, en boisson dans l'eau, calme la toux ; celle de l'oie sauvage, en fumigations, éloigne les démons ; elle guérit aussi la léthargie et l'hystérie.

19] Son fiel, avec du fiel de bœuf et de l'eau de laurier, guérit la surdité.

20] Son bouillon, bu avec du vin, est secourable à ceux qui boivent du vin, soit d'aconit, soit de dorycnium.

21] L'intérieur de l'oie rôtie convient, le foie à ceux qui ont mal à l'estomac, le ventre à ceux qui ont mal au ventre, les intestins à ceux qui ont la colique ; son cœur et ses poumons guérissent les phtisiques.

LETTRE Ψ

ΠΕΡΙ ΨΙΤΤΑΚΟΥ
Du perroquet.

1] Le perroquet est un bel oiseau vert : ses pattes et son bec sont rouges. On le trouve dans la Thébaïde d'Egypte et dans l'Inde. Son bec est dur au point de couper les barreaux de fer. Il imite la voix de l'homme et de tous les animaux.

2] Son bec, quand on le porte, chasse les démons, toute fièvre ; et il a les mêmes propriétés que l'oie.

3] Mangé, il guérit parfaitement la jaunisse et la phtisie.

ΠΕΡΙ ΨΑΡΟΥ
De l'étourneau.

4] L'étourneau, petit oiseau moucheté, connu de tous, qui mange la ciguë, comme la caille, l'ellébore.

5] Mangé, il vient au secours de ceux qui ont bu n'importe quel breuvage délétère : s'il est mangé d'avance, on n'aura pas de mal, on ne courra aucun danger.

Lorsqu'il mange du riz, sa fiente devient purgative, de sorte qu'elle peut nettoyer entièrement : elle guérit les taches de rousseur et les pustules du visage.

De l'outarde.

L'outarde est un gros oiseau, connu de tous.

Sa graisse, mêlée à l'encens et à la myrrhe, en onguent, sert à soigner la gale. Celui qui mange d'une façon continue, à jeun, des rognons d'outarde, n'aura jamais mal aux reins.

LETTRE Ω

ΠΕΡΙ ΩΩΝ
Des œufs d'oiseaux.

1] Le blanc d'œuf frais, étendu avec une plume, guérit les brûlures; mêlé au blanc de céruse, il fait blanchir les cicatrices noires.

2] L'œuf qui vient d'être pondu, en liniment, accélère l'accouchement. Il est très utile et nécessaire dans les maladies des yeux.

3] Le jaune d'œuf, cuit avec de la myrrhe, guérit les écorchures causées par les chaussures : il arrête toute inflammation et tout écoulement. Il est utile en pessaire, ainsi que pour les affections du fondement; il guérit toute douleur, principalement les inflammations des érysipèles et des abcès. Avalé cru, il arrête les crachements de sang chez la femme et il fortifie les artères. Il convient merveilleusement contre toute inflammation, crevasse, douleur de l'anus.

4] La coquille d'œuf calcinée et broyée doit être respirée pour l'hémorragie nasale; frottée sur les dents, elle les fait briller.

5] Sa pellicule est salutaire contre les crevasses des lèvres et les érosions de la langue. Elle agit efficacement pour la confection de l'or. Les œufs de l'oie et du paon produisent les mêmes effets.

6] L'œuf de l'ibis, dur, chasse les bêtes sauvages.

7] Les œufs de la corneille, en onguent, sur les parties génitales, portent à la volupté et produisent un philtre. Les œufs de l'hirondelle produisent les mêmes effets et de plus noircissent les cheveux blancs.

8] Les œufs de la colombe, quand on les mange, produisent l'érection.

9] Les œufs de la perdrix, mélangés au miel, procurent une vue perçante et accélèrent l'accouchement.

10] L'œuf d'autruche, en liniment, soulage les goutteux.

11] Les œufs d'araignée, pris en breuvage, trois pour la fièvre tierce, quatre pour la fièvre quarte, chassent et la fièvre quotidienne et toute mauvaise fièvre.

12] Fais cuire dans l'urine d'âne des œufs de poule non fécondés, donne-les à manger à ceux qui souffrent des reins ou de coliques, et tu les guériras d'une façon surprenante.

13] Les œufs de tortue de mer, mangés, guérissent les lunatiques.

Les coquilles d'œufs de poule, calcinées et broyées, avec de l'oxymel, en breuvage, guérissent l'hémorragie de la vessie.

L'œuf entier, calciné jusqu'à sa réduction en cendre, mélangé avec de l'arsenic, insufflé dans les narines, arrête l'hémorragie nasale.

Le blanc d'œuf avec de la céruse et de l'amidon, en liniment, calme l'inflammation.

L'œuf cru, avalé à jeun, préserve les voyageurs de la soif.

Les œufs, frits dans la poêle avec du nitre et de la cire, mangés à jeun, arrêtent le cours de ventre.

Le liniment composé d'huile mêlée à des œufs, est excellent pour toutes les inflammations et les arrête comme pas un autre remède.

Pour les contusions, prends des jaunes d'œufs sans les blancs, bats-les, mêles-y de la poix sèche et fais cuire au feu, donne à prendre : le remède est tout à fait efficace.

A ceux qui éprouvent de violentes douleurs au fondement, les jaunes d'œufs, sans le blanc, mêlés à de la poix sèche, cuits au feu et avalés, procurent un grand soulagement.

On dit que les œufs de perdrix mangés excitent les désirs vénériens.

Fin de la troisième Cyranide.

QUATRIÈME CYRANIDE

DES POISSONS

LIVRE D'HERMÈS TRISMÉGISTE SUR LA CONNAISSANCE SCIENTIFIQUE ET L'INFLUENCE NATURELLE DES ANIMAUX MARINS, POISSONS DE MER, COMPOSÉ POUR ASCLÉPIOS, SON DISCIPLE. — DÉBUT DE LA LETTRE A.

LETTRE A

ΠΕΡΙ ΑΕΤΟΥ ΙΧΘΥΟΣ
Du poisson appelé aigle.

1] L'aigle est un poisson de mer, sans écailles, de la couleur de l'épervier de mer, mais plus noir, semblable en tout à la pastenague, sauf l'épine.

2] Les pierres de la tête de ce poisson, suspendues au cou, guérissent les gens atteints de la fièvre quarte.

3] Son fiel, en liniment, procure une vue perçante.

4] Ses arêtes, brûlées sur des sarments, chassent les démons.

5] Le poisson, mangé, guérit l'épilepsie.

ΠΕΡΙ ΑΝΘΙΟΥ
Du serran.

6] Le serran, très gros poisson.

7] Son fiel, délayé avec du miel, en liniment, sert à soigner les éruptions et rend le visage florissant.

8] Sa graisse, avec de la cire, soulage les ulcères charbonneux, les tumeurs graisseuses, les abcès, les maladies des seins et les furoncles.

9] Les pierres de sa tête, suspendues au cou, guérissent la céphalalgie et toutes les affections de la tête et du cou.

ΠΕΡΙ ΑΜΙΑΣ ΙΧΘΥΟΣ
Du thon.

10] Le thon, poisson très audacieux, qui attaque les autres poissons.

11] Ses dents, si on les fait porter aux enfants, leur font pousser les dents. 12] Mangé, il arrête la dysurie.

13] Ses dents, mises auprès des racines des arbres ou dans les plants de rosiers, font pousser beaucoup de fleurs.

ΠΕΡΙ ΑΧΑΡΝΩΝ
Des acharnes.

14] Voir le Vieil Interprète, dans le texte grec.

ΠΕΡΙ ΑΣΤΑΚΟΥ
Du homard.

15] Le homard est un crustacé, dont la couleur ressemble à celle de l'huître. Sa carapace calcinée, délayée dans de l'eau de riz, en boisson, guérit les coliques et la dysenterie ; avec du vin noir, elle arrête l'hémorragie.

Sa chair, en aliment, facilite la digestion.

LETTRE B

ΠΕΡΙ ΒΑΤΟΥ ΙΧΘΥΟΣ
De la raie.

1 et 2] La raie, poisson de mer. Les Romains l'appellent tupina. Bouillie fraîche, son bouillon est laxatif, pris seul ou avec du vin. Mangée fréquemment, elle est stomachique et excite les désirs vénériens chez ceux qui la mangent.

ΠΕΡΙ ΒΟΥΓΛΩΣΣΟΥ ΙΧΘΥΟΣ
De la sole.

3] La sole, poisson de mer appelé scythopome : placée sur le foie des gens malades du foie et fixée avec des bandelettes, elle dissipe naturellement la maladie. Mais il faut la suspendre pendant trois jours sur de la fumée.

ΠΕΡΙ ΒΔΕΛΛΩΝ
Des sangsues.

4] Délaye dans du vinaigre la cendre de sangsues calcinées, arrache les poils qui poussent dans les paupières, oins la place avec ce liniment et ils ne repousseront plus.

Placées vivantes sur l'endroit du corps où surabondent les matières impures, elles les attirent et rendent la santé aux malades.

5] Appliquées sur le front, elles conviennent aux gens malades de la rate, à l'hydropisie, aux fluxions des yeux.

6] Enfumées, elles détruisent les punaises.

7] Les punaises, en fumigations, font rendre les sangsues qu'on aurait avalées ; car elles sont le contraire les unes des autres.

ΠΕΡΙ ΒΛΑΝΙΟΥ
Du blanius.

8. V. I] Le blanius (il faut peut-être lire βλακείας) est un poisson des fleuves.

9] Sa tête calcinée, mêlée avec du miel et employée en onction, rend la vue perçante : son fiel produit les mêmes effets.

ΠΕΡΙ ΒΟΥΦΕΩΝ
Des bogues.

10] Les bogues que quelques-uns appellent boupes ou goupes sont semblables à des petits muges.

Mangés cuits dans leur jus, ils guérissent la néphrite. Leur fiel, en liniment avec du lait de femme, rend la vue perçante. Ses arrêtes calcinées, en poudre sèche, purifient les ulcères.

LETTRE Γ

ΠΕΡΙ ΤΩΝ ΕΝΤΕΡΩΝ
Des intestins de la terre [vers de terre].

1] Les vers de terre, appliqués sur les nerfs blessés, les guérissent merveilleusement ; car immédiatement ils procurent un soulagement admirable.

2] Ils conviennent également aux abcès des seins ; délayés avec du miel, ils résorbent les tumeurs sous-cutanées ; en application, ils guérissent les morsures des scorpions et les piqûres des murènes de mer.

3] Broyés avec du vin et bus sans le savoir, ils dissolvent la pierre et guérissent la dysurie ; bus comme il a été dit, ils font venir beaucoup de lait aux nourrices. Leur application est tout à fait excellente pour le mal de dents. Bouillis dans l'huile de nard ou dans du beurre, jusqu'à dissolution, les frictions de cette huile guérissent les maux d'oreilles. La cendre de vers calcinés, délayée avec du vinaigre, employée en frictions, guérit l'érysipèle.

Leur cendre, délayée dans de l'urine de vierge et employée comme pommade, empêche les cheveux de blanchir.

Desséchés avec de l'armoise, broyés et appliqués sur le nombril, ils font évacuer les helminthes.

Broyés avec une décoction d'éryngium ou de dictame, en potion, ils guérissent la dysurie.

4] Mis dans les cavités des molaires gâtées, il les font sortir sans douleur, au point qu'on peut enlever même la racine avec la main. Réduits en poudre, mêlés au cérat, appliqués avec des œufs, ils guérissent la goutte.

ΠΕΡΙ ΓΟΓΓΟΥ ΙΧΘΥΟΣ
Du congre.

5] Le congre est un gros poisson de mer qui ressemble à l'anguille. Fais bouillir dans l'huile jusqu'à dissolution, filtre l'huile et ajoute de la cire. Si tu fais un cataplasme avec l'onguent ainsi composé : huile du congre ni onces ; cire, II onces; amidon, I once et demie; il empêchera les femmes enceintes d'avoir le ventre déchiré. Il soulage aussi l'arthrite et les crevasses des pieds.

ΠΕΡΙ ΓΛΑΝΕΟΥ ΙΧΘΥΟΣ
Du silure.

6] Le silure est un poisson de rivière et d'étang. Ses os, calcinés, chassent les démons.

7] Son fiel, en liniment, purifie les leucomes.

8] Son foie, mangé, guérit l'épilepsie.

9] Dans son entier ce poisson est stomachique, quoique plusieurs l'écartent.

Calcine la tête d'un silure salé, broie-la, puis après avoir lavé avec de l'eau tiède l'endroit des hémorroïdes, mets-y la poudre, et tu les guériras.

ΠΕΡΙ ΓΛΑΥΚΟΥ ΙΧΘΥΟΣ
Du glaucus.

10] Le glaucus, très gros poisson de mer. Bouilli avec des légumes ou du fenouil et mangé, il donne beaucoup de lait aux femmes.

11] Les pierres qu'il a dans la tête, suspendues au cou, guérissent l'ophtalmie et les maux de tête.

Ses yeux, portés, sont un remède pour l'ophtalmie.

12] Son fiel noircit les yeux verts des enfants; il guérit les yeux et les leucomes.

13] Si tu fais un mélange de ses deux yeux, de ceux de l'orphe, du thon, de l'étoile de mer et du fiel de l'hyène et que tu y mêles de la graisse de l'animal sauvage que tu voudras, la lampe une fois allumée, fais-en une fumigation, et les spectateurs croiront que l'animal dont tu as mélangé la graisse est là. Semblablement, si tu y mêles de l'eau de mer, ils croiront que la mer est là; l'eau d'un fleuve, que le fleuve est là; de l'eau de pluie, qu'il pleut. Quant à l'étoile de mer, mets-la toute entière, après l'avoir broyée.

V. I.] Sa graisse est utile pour les maladies du fondement et de l'utérus.

Des poissons gnaphis.

Le bouillon des poissons gnaphis, mêlé à la lessive de cendres, éclaircit les yeux des vieillards et empêche qu'ils se fatiguent.

Les pierres de leurs têtes, suspendues au cou, amènent l'insomnie ; mangées, elles donnent des cauchemars.

De la liche.

La liche, poisson de mer connu de tous. Le bouillon du poisson frais amollit le ventre, seul, bu avec du vin ; ses dents, suspendues au cou, guérissent les maux de dents des vieillards comme des jeunes gens.

LETTRE Δ

ΠΕΡΙ ΔΕΛΦΙΝΟΣ ΙΧΘΥΟΣ
Du dauphin.

1] Le dauphin, gros cétacée, est un animal marin. On le trouve en grande quantité dans le Pont-Euxin ; on en tire l'huile de dauphin et la colle de poisson.

2] Sa peau gonflée, tournée vers le nord, fait souffler Borée ; tournée vers le sud, fait souffler le Notus ; elle agit de même pour les autres vents.

3] Ses dents, suspendues au cou des enfants, favorisent leur dentition.

4] Son estomac, desséché et broyé, pris comme potion, guérit les gens malades de la rate.

Le foie du dauphin, mangé, guérit merveilleusement les fièvres tierce, quarte et demi-tierce.

ΠΕΡΙ ΔΡΑΚΟΝΤΟΣ
De la vive.

5] La vive est un poisson tout à fait venimeux : ouvert et appliqué, il sert à soigner la blessure qu'il a faite.

6] Son aiguillon, calciné, placé sur une dent avec une décoction de suc d'euphorbe, la déracine.

7] Les pierres qu'il a dans la tête, prises en boisson, servent à soigner la pierre de la vessie.

8] Incinérée et employée en poudre, avec du soufre, elle sert à soigner les ulcères qui proviennent de sa piqûre.

9] Son aiguillon, enfoncé dans un arbre, le fait aussitôt sécher.

Le poisson dans son entier, calciné et réduit en cendres, en potion, guérit la pierre et la strangurie.

La tête seule, avec ses aiguillons, calcinée et réduite en cendres, en potion, dissipe le frisson de la fièvre : prenez plusieurs têtes avec leurs aiguillons, car le poisson est petit.

La cendre du poisson, mêlée au suc de gouet, en liniment, guérit les dartres et les lèpres.

LETTRE E

ΠΕΡΙ ΕΓΧΕΛΥΟΣ
De l'anguille.

L'anguille est un poisson très allongé, semblable au serpent. Elle se trouve le plus souvent dans les étangs situés au bord de la mer.

1] Si tu broies le foie entier de l'anguille avec son fiel, que tu le délayes dans du vin et que tu le donnes à boire à quelqu'un sans qu'il le sache, il ne pourra plus jamais boire de vin.

2] L'anguille elle-même, étouffée dans le vin, combat l'ivresse, si tu fais boire le vin dans lequel elle a été étouffée.

3] Mangée grillée, elle guérit les gens malades de l'estomac et atteints de dysenterie.

Dépecée et appliquée, elle guérit les piqûres d'aspic.

ΠΕΡΙ ΕΛΟΠΟΣ
De l'esturgeon.

Voir le Vieil Interprète, dans le texte grec.

ΠΕΡΙ ΕΧΙΝΟΥ
De l'oursin.

5] La chair de l'oursin de mer, mangée, amollit le ventre, et prise avec du vin aromatisé, elle sert à soigner supérieurement les reins et la pierre.

6] L'oursin, calciné et réduit en cendre, puis saupoudré, guérit la lèpre, cicatrise rapidement les ulcères des sourcils et amène aussi à l'état de cicatrice toutes sortes d'ulcères.

7] Employé en pommade avec de la graisse d'ours ou de dauphin ou de porc, il arrête l'alopécie.

ΠΕΡΙ ΕΧΕΝΗΙΔΟΣ
Du rémora.

8] Le rémora est un poisson puissant. S'il s'attache à un navire en marche, porté par un vent favorable, il l'arrête.

9] Prenant donc un rémora vivant, mets-le dans l'huile de pétrole pour l'étouffer, et lorsque tu voudras le faire bouillir, pèse le poisson. S'il pèse une livre, ajoute un setier de pétrole au poisson dépecé ; puis fais bouillir sur un feu doux, et lorsque tu t'apercevras que le poisson est dissous et que son jus est mélangé à l'huile, clarifie et mêle III onces de beurre de première qualité avec ce jus de poison et le setier d'huile, et lorsque le mélange est aussi bouilli, mets dans un vase de verre, puis, sers-t-en pour frotter les pieds, les mains, les articulations. Car lors même que l'affection de la goutte daterait de dix ans, elle sera guérie, qu'elle soit aux pieds, aux mains, aux genoux. Emploie au lit et au sortir du bain. En faisant bouillir, fais attention que le pétrole ne bouille pas trop, car il prendrait feu. Fais donc bouillir à ciel ouvert et non dans la maison, mettant le poids susdit. Si le poisson est de ix livres ou de va an moins, mets le même poids d'huile, et VII onces de beurre. L'huile de pétrole est le naphte.

LETTRE Z

ΠΕΡΙ ΖΜΥΡΑΙΝΗΣ
De la murène.

1] La murène est un animal marin, malfaisant et méchant, sans écailles, ayant des taches noires sur l'épine dorsale et sur la peau, venimeux et s'attaquent à l'homme. La murène est l'ennemie du poulpe et le détruit. Le homard, au contraire, détruit la murène, au point que lorsqu'on fait cuire ensemble un homard et une murène, la murène disparaît. Hais le poulpe, à son tour, détruit le homard.

2] Les dents de la murène, suspendues au cou des enfants, facilitent leur dentition.

3] Mangée dans un bouillon au poivre, elle guérit les néphrétiques et guérit supérieurement l'éléphantiasis et les affections galeuses.

Du marteau.

Le marteau est un poisson ayant une tête large et plate ; pour le reste du corps il ressemble au cynogaleos. Son fiel, avec du suc de baumier, en liniment, rend la vue perçante.

LETTRE H

De l'hédonia.

L'hédonia, que quelques-uns nomment abidis, est un poisson de mer et d'étang, car il vit dans ces deux éléments ; mangé et bu en bouillon, il produit l'érection ; il soulage aussi les néphrétiques.

ΠΕΡΙ ΗΠΑΤΟΣ
Du foie.

1] Le foie est un poisson mou, paresseux, ayant un gros foie.
2] Son fiel, bu avec de l'hydromel, guérit merveilleusement les maladies de foie.
3] Son foie desséché, saupoudré, guérit toute inflammation et la goutte des pieds.
4] Sa tête calcinée, employée en poudre sèche, sert à soigner les vieux ulcères et les plaies cancéreuses.

LETTRE Θ

ΠΕΡΙ ΘΥΝΝΟΥ
Du thon.

Le thon est un poisson de mer, connu de tous. Son fiel, avec du suc de joubarbe, en injections, détruit les leucomes.

1] Si quelqu'un broyé les yeux d'un thon et un poumon marin, et qu'il en mette sur le toit d'une maison, le soir, ceux qui seront dans la maison croiront voir des étoiles.

2] Si, voyageant par une soirée sans lune, tu en frottes un bâton, tu croiras que du bâton jaillit une lumière.

3] Si tu dessines [avec la composition], sur un mur ou sur un papier, un animal sauvage quelconque ou que tu le peignes, on ne le verra pas le jour, mais le soir les spectateurs seront frappés d'effroi.

4] Le fiel et le foie des thons, broyés ensemble et mis sur la place des poils des paupières préalablement arrachés, les empêchent de repousser.

Les autres propriétés de ses yeux, cherche-les dans le poisson glaucus : là, tu les apprendras.

Ce mélange, c'est-à-dire celui dû fiel, appliqué comme onguent, guérit les engelures.[1]

ΠΕΡΙ ΘΡΙΣΣΗΣ
De l'alose.

L'alose est un petit poisson de mer.

5] L'alose réduite en poudre, puis mangée, guérit la dysurie.

6] Calcinée, sa cendre avec de l'huile d'iris ou de lis, en pommade, embellit et épaissit les cheveux et en arrête la chute.

7] Grillée, elle calme les coliques et les maux d'estomac.

---

1. Note de première main dans le manuscrit M : « On dit que le thon lui-même, lorsqu'il est irrité on affamé dévore ses propres petits. Hélas, quelle pitié ! »

LETTRE I

ΠΕΡΙ ΙΠΠΟΥΡΟΥ
De la lampuge.

1] La lampuge, poisson de mer, que quelques personnes appellent coryphée. 2] Son fiel, employé avec du miel non enfumé, en collyre, guérit toute amblyopie et amaurose.

ΠΕΡΙ ΙΠΠΟΚΑΜΠΟΥ
De l'hippocampe.

L'hippocampe est un animal marin. Calciné, sa cendre, mélangée à la poix liquide et à de la graisse d'ours, arrête l'alopécie. La carapace de l'oursin de mer produit les mêmes effets.

ΠΕΡΙ ΙΟΥΛΙΔΟΣ
De la joulie.

5] La joulie est un poisson moucheté, connu de tous.
6] Ses dents, portées au cou, chassent les démons et les fantômes.
7] Ses yeux repoussent les sorts ; mangés d'une manière continue, ils sont bons pour les épileptiques.

LETTER K

ΠΕΡΙ ΚΕΦΑΛΟΥ
Le muge.

1] Le muge est un poisson de mer, connu de tous. Sa tête salée, calcinée, en onguent, avec du miel, est bonne pour les tumeurs du fondement, les hémorroïdes et les affections situées ailleurs. La tête du thon pélamis a également la même vertu. Il faut donc employer avec grand soin un mélange des deux.

ΠΕΡΙ ΚΟΡΑΚΟΥ
Du korax.

Voir le Vieil Interprète, dans le texte grec.

ΠΕΡΙ ΛΥΝΟΣ ΘΑΛΑΣΣΙΟΥ
Du chien de mer.

Le chien de mer est un poisson malfaisant, connu de tous.
3] Ses dents calcinées, employées avec du miel et de l'os de sèche, sont bonnes pour les gencives malades.

4] Sa peau, si on la porte, met les chiens en fuite ; bien lisse, placée sur les morsures des chiens de terre, elle les guérit.

ΠΕΡΙ ΚΥΠΡΙΝΟΥ
De la carpe.

5] La carpe est un poisson de rivière et d'étang.
Son foie, en fumigations, calme l'épilepsie.
6] La fumée de sa graisse et de son foie, met les démons en fuite.
7] Son fiel, avec du miel, en collyre, purifie toute amaurose, amblyopie, néphélion, leucome et leurs envahissements.
8] Sa graisse est un excitant vénérien. Si quelqu'un, après l'avoir fait fondre, en frotte le gland de son membre, il se produira aussi une vive couleur et la conception.

ΠΕΡΙ ΚΩΒΙΩΝ ΗΤΟΙ ΚΟΒΕΝΩΝ
Des goujons (?).

9] Le goujon est un poisson de mer (?). Son bouillon, avec du lait, produit le relâchement du ventre.

ΠΕΡΙ ΚΙΧΛΗΣ
De la grive de mer.

10] Le bouillon de grive de mer relâche le ventre, procure une bonne digestion, porte aux rapports sexuels et donne du lait aux nourrices.

ΠΕΡΙ ΚΑΡΙΔΟΣ
De la squille.

11] Squille, animal marin. En applications, elle guérit la piqûre des scorpions. En effet, si tu inscris sur l'endroit de la piqûre : « Squille, enlève promptement la douleur », à l'instant le blessé sera guéri.
11 bis] Si on grave sur une pierre de jais une squille et qu'on porte la pierre dans un anneau, on ne sera jamais piqué par un scorpion.

ΠΕΡΙ ΚΑΡΚΙΝΟΥ
De l'écrevisse.

12] Les écrevisses de rivières, broyées, bues avec du lait de chèvre, servent à soigner les gens piqués par les scorpions et ceux mordus par les vipères dipsas et cérastes.

13] Données dans du vin noir aux femmes dont les couches sont laborieuses, elles procurent un accouchement facile.

13 bis] Mises en poudre sur les blessures des flèches, elles font sortir les pointes des traits, les échardes, les épines et toutes les choses analogues.

14] Avec de la cire, en cataplasme, elles guérissent les engelures.

14 bis] L'écrevisse de mer crue, calcinée avec du plomb, puis broyée, guérit les carcinomes.

15] Sa cendre avec de l'huile de verjus, en applications soulage les engelures ; avec de la cire, la goutte.

ΠΕΡΙ ΚΑΡΑΒΟΥ
Du crabe.

Le crabe est un animal des bords de la mer, plus petit, mais semblable au homard.

16] Le crabe, cuit, soulage ceux qui ont des maux d'estomac.

17] Son bouillon, bu avec du vin, guérit la néphrite et la dysurie, et met le ventre en mouvement.

ΠΕΡΙ ΚΟΧΛΙΩΝ ΘΑΛΑΣΣΙΩΝ
Des coquillages de mer.

18] Le bouillon de coquillages marins, d'acharnes, de phocides, d'anchois et de lépades, amollit et assouplit le ventre devenu dur.

Les coquillages de terre et de mer sont petits, mais ils servent à guérir les plus graves affections : calcinés, ils soulagent la dysenterie, quand elle n'est pas purulente ; broyés, sans être calcinés, placés sur le ventre des hydropiques, sur les articulations des arthritiques jusqu'à ce qu'ils forment d'eux-mêmes un dépôt, ils sont utiles, parce qu'a travers la profondeur, ils dessèchent l'eau.

Leurs carapaces, réduites en cendre, font disparaître toutes sortes de dartres. Et si tu les joins au miel, tu guériras l'œdème du ventre, les blessures des muscles, les obscurcissements des yeux, l'hémorragie nasale, et, plein d'admiration, tu chanteras la puissance divine.

ΠΕΡΙ ΚΗΡΥΚΩΝ
Des buccins ou trompes marines.

19. V. I.] Les buccins de mer, attachés à une femme qui vient d'accoucher, calment les douleurs et les engorgements des seins.

20] Leur cendre, en frictions avec du miel, guérit les taches de rousseur, les tumeurs du visage et les ulcères rongeants.

21] Les pourpres et les trompes, cuites ensemble et mangées, sont salutaires à ceux qui ont bu de la ciguë ou de l'aconit.

22] Et leur bouillon très cuit, est fort salutaire à ceux qui ont pris quelque drogue dangereuse.

23] Leurs cornes (?), brûlées, guérissent les tendons retournés.

24] Leurs coquilles, calcinées et mêlées au miel, guérissent les fluxions des joues et les ulcères rongeants.

25] Délayés avec de l'eau, ils font sortir les esquilles d'os et renaître les chairs.

26] Leur chair, mêlée au blanc d'œuf, appliquée sur le front, guérit les douleurs rhumatismales de la migraine.

ΠΕΡΙ ΚΟΧΛΙΟΥ
De l'escargot.

27. V. I.] L'escargot ou limaçon terrestre, broyé et employé en cataplasme, calme les douleurs du front et la fluxion des yeux, fait disparaître les scrofules, et, en lotions, guérit les plaies des oreilles et les fractures.

28] L'escargot sans coquille, mélangé avec de la manne, c'est-à-dire du pyrograne du Liban, insufflé dans les narines, arrête le saignement de nez et ouvre l'entrée fermée de l'utérus.

29] Lorsque le soleil monte au ciel, fends l'entre-deux des cornes d'un escargot sans coquille et enlève, avec un bâton très pointu, l'os qui s'y trouve; en l'enveloppant dans une étoffe de lin, conserve-le pour toute espèce d'ophtalmie. Mangé, il empêche le développement de toute ophtalmie et des affections du pharynx, de la gorge, de la toux et les maux de tête et tous les accidents qui peuvent arriver autour de la tête et du cou. Si on en était atteint, en le portant au cou, on serait guéri.

30] La bave des escargots détruit les poils des paupières.

31] Une potion d'escargots, piles avec leurs coquilles, avec du vin, de la myrrhe et des dattes, guérit la colique.

32] Leur cendre, en poudre, sur du cérat, guérit la chute du fondement.

LETTRE Λ

ΠΕΡΙ ΛΑΜΒΡΑΚΟΣ
Du loup de mer.

1] Le loup est un poisson de mer semblable au muge. Son fiel, en liniment avec du miel, dissipe les leucomes et procure une vue perçante. On en compose un collyre de cette façon : fiel de loup et de vautour, de chaque, vi exagies; encens mâle, ix ex.; myrrhe, ii ex. ; litharge, i ex. ; baume et eau de joubarbe, de chaque, viii ex. ; miel non enfumé, iii onces. Il est utile pour l'amblyopie et les débuts de la cataracte, les néphélions, la nyctalopie, les aspérités internes de la paupière, les poches d'eau qui se forment sous les paupières, les pustules des paupières, les fistules lacrymales. En vieillissant, il devient meilleur.

2. V. I.] Son ventre, mangé, facilite la digestion et fait beaucoup manger.

3] Porté, il a les mêmes vertus.

4] Le cristallin de ses yeux, porté, guérit l'ophtalmie.

5] Les pierres qu'il a dans la tête guérissent les maux de tête et la migraine, celle de droite doit être appliquée à droite, celle de gauche à gauche.

6] Ses dents, suspendues au cou des enfants qui font leurs dents, leur sont utiles.

7] L'os qu'il a au sommet de la tête, placé sur la tête, fait sortir les épines qu'on a avalées.

ΠΕΡΙ ΛΑΓΩ
Du lièvre de mer.

8] Le lièvre de mer, broyé et appliqué en collyre, ne laisse pas repousser les poils des paupières qui ont été arrachés.

9] A ceux qui en ont mangé, fais boire le sang chaud d'une oie nouvellement tuée : c'est un contrepoison des choses délétères.

LETTRE M

ΠΕΡΙ ΜΑΙΝΙΔΟΣ
De la mendole.

Les mendoles sont des poissons de mer. Leurs têtes calcinées, réduites en cendre, avec de la graisse d'ours, en pommade, arrêtent l'alopécie.
Dans leur entier, elles sont utiles aux gens mordus par des chiens ou piqués par des scorpions. Elles arrêtent les ulcères rongeants.
1. V. I.] La tête de la mendole, calcinée, en onguent, guérit les fies, les ongles purulents, les crevasses de l'anus et les loupes.
2] Le garum et la saumure de mendoles grasses, sont bons pour la gale : en gargarisme, ils guérissent merveilleusement les inflammations purulentes et les ulcères de la gorge.
3] Mangé rôti, le poisson guérit les reins et la dysurie, il est bon pour l'estomac et facilite la digestion.
La mendole entière calcinée, en onguent, fait disparaître les fourmillements, les verrues et les clous.
Le bouillon de mendoles et leur chair font un bon estomac et guérissent ceux qui ont la colique ou des crampes.
5. V. I.] Cuites avec du fenouil, leur bouillon donne du lait aux femmes.

ΠΕΡΙ ΜΕΛΑΝΟΥΡΟΥ
Du bogue.

6] Le bogue, mangé rôti, rend la vue perçante.
7] Son bouillon, en boisson, guérit les gens qui se tordent de coliques.

ΠΕΡΙ ΜΥΩΝ
Des moules.

8. V. I.] Les moules marines, cuites avec du maceron, des poireaux, du persil, mangées en buvant du vin, guérissent la sciatique.
9] Les moules sont des animaux à coquilles. Leur bouillon, en boisson, amollit le ventre.
10] Leurs coquilles, calcinées et broyées, employées en poudre sèche, arrêtent les ulcères rongeants et les gangrènes, et sont bonnes pour soigner les vieux ulcères.
11] En collyre, avec du miel, elles entravent l'épaississement des paupières et éclaircissent les leucomes; mais il faut laver la cendre dans de l'eau sucrée.

LETTRE N

ΠΕΡΙ ΝΑΡΚΑΣ
De la torpille.

1] La torpille est un poisson de mer que beaucoup appellent marga; appliquée encore vivante sur la tête des gens qui ont mal à la tête, elle enlève la douleur; bouillie vivante dans l'huile, jusqu'à dissolution, après filtrage, en liniment, elle apaise les douleurs des arthritiques. Calcinée, réduite en cendres, employée en poudre sèche, elle rétablit la chute du fondement.

Sa graisse, étendue sur de la laine et placée sur le fondement, arrête les inversions de l'utérus. Si une femme s'en frotte les parties honteuses, son mari n'aura pas de rapports avec elle.

LETTRE Ξ

De l'espadon.

L'espadon est un poisson de mer semblable à la joulie, mais plus petit et plus mince. Frit avec du suc de bette et du plomb, son huile, en pommade, purifie les croûtes et la teigne de la tête. Et son fiel, mêlé aux préparations propres à rendre la vue bonne, convient parfaitement.

ΠΕΡΙ ΞΥΘΟΥ
Du xythe.

1] Le xythe est un poisson que quelques-uns appellent picarel.

2] Sa tête salée, calcinée, resserre les plaies avec excroissances de chair, arrête les ulcères rongeants, fait disparaître les clous et les excroissances de chair ; crue, elle convient aux gens mordus par un scorpion ou par un chien ; comme aussi, salée, pour tous les maux.

LETTRE O

ΠΕΡΙ ΟΝΟΥ ΘΑΛΑΣΣΙΟΥ
De l'âne marin.

1] L'âne marin que les uns appellent poulpe, les autres octapode.

2] Le mettant dans une marmite neuve encore vivant, fais-le bouillir, et l'eau qui en sortira, fais-la boire au bain, dans du vin vieux, aux gens malades des reins ou ayant la pierre, et ils seront guéris, et rendront dans leur urine, le calcul, fin comme du sable.

Les ânes qu'on trouve sous les eaux, sont des petits animaux à pattes nombreuses, ayant une vertu purgative et dessicative.

Délayés dans du vin, en potion, ils guérissent la dysurie et la jaunisse et, en liniment avec du miel, ils sont bons pour les maux de gorge· Injectes-en dans les oreilles pour l'otalgie, après les avoir fait chauffer avec de l'huile de roses.

De l'orphe.

L'orphe est un poisson de mer. Son sang, en liniment, guérit les dartres blanches; son fiel, en liniment, guérit lesleucomes. Mangé, ce poisson facilite la digestion et rend l'estomac bon, il guérit la néphrite et la dysurie.

La pierre qu'il a dans la tête, suspendue au cou, guérit tous les maux de tête. Également, ses yeux, portés, guérissent merveilleusement l'épanchement de l'ophtalmie.

LETTRE Π

ΠΕΡΙ ΠΕΛΩΡΙΔΩΝ
Des pélores.

1] Les pélores sont des petits poissons de mer.
2] Leur bouillon et celui des crabes, bu avec du vin, amollit le ventre.

ΠΕΡΙ ΠΝΕΥΜΟΝΟΣ
Du poumon marin [méduse].

Le poumon marin est un animal informe, qui ne nage pas, replié sur lui-même. Broyé et en emplâtre, il fait cesser les douleurs de la goutte.

Si tu l'enveloppes dans un morceau d'étoffe propre et que tu le fasses sécher au soleil, la nuit tu le verras briller comme une lampe.

4. V. I.] Il sait attirer fréquemment au-dessus de lui tous les oiseaux du ciel, de telle sorte que lorsqu'ils viennent pour le manger, il les prend.

5. V. I.] Ses os, en fumigations, éloignent tous les maux, comme le fait l'étoile de mer.

ΠΕΡΙ ΠΗΛΑΜΥΔΟΣ
Du thon pélamyde.

Le thon pélamyde est un poisson de mer qui, calciné avec sa tête, broyé et posé en emplâtre, arrête les ulcères rongeants et guérit la gangrène. Son garum guérit les maux d'oreilles.

ΠΕΡΙ ΠΕΡΚΗΣ
De la perche.

Voir le Vieil Interprète, dans le texte grec.

ΠΕΡΙ ΠΕΤΡΕΩΣ
De la lamproie.

Ibid.

Du poulpe.

Le poulpe ou octapode : mangé cuit dans son jus, il guérit la néphrite et la dysurie. La substance noire qu'il laisse échapper, sert pour écrire.

De la pourpre.

La pourpre de mer, appelée aussi conchyle, est plus petite que le buccin.
En fumigations, elle arrête les inversions de l'utérus et fait cesser l'hystérie.
Son bouillon, en boisson, amollit le ventre et provoque l'évacuation.
Si tu broyés la chair crue de la pourpre et que tu l'appliques avec de la myrrhe, elle calmera la migraine, comme la douleur de toute autre partie du corps.
Attachée et fixée, elle guérit tous les maux de tête.

LETTRE P

ΠΕΡΙ ΡΑΦΙΔΟΣ
De l'aiguille.

1] L'aiguille est un poisson de mer appelé aussi belonis. Son bec est long et ressemble à celui de la sphyrène [marteau]. Son bec, porté ou en fumigations, chasse les démons.

2] Calcinée et broyée avec de l'huile d'iris, elle fait repousser les cheveux dans l'alopécie. Quel grand don et quel remède !

ΠΕΡΙ ΡΙΝΗΣ
De l'auge.

L'auge est un poisson de mer.

Sa peau, calcinée et broyée, en poudre, guérit les tumeurs et arrête les hémorragies nasales.

LETTRE Σ

ΠΕΡΙ ΣΑΛΠΗΣ
La merluche.

La merluche est un poisson de mer, bon à manger.

Les pierres qu'il a dans la tête, portées, celle de droite contre le testicule droit, celle de gauche contre le testicule gauche, produisent l'érection. Sa graisse, en pommade, est tout à fait excellente pour les plaisirs sexuels.

ΠΕΡΙ ΣΑΥΡΟΥ
Du saure.

Le saure[1] est un poisson de mer, connu de tous.

Son fiel, en liniment sur les seins des femmes, fait venir beaucoup de lait.

Egalement aussi les stellines (?). Mangées, elles donnent du lait aux femmes : et le bouillon de stellines produit le même effet.

Macérées avec de la résine de cèdre, en cosmétique, elles ne laissent pas repousser les poils qui ont été arrachés.

Du scorpion.

Le scorpion est un poisson de mer, connu de tous. Etouffe-le dans du vin que tu donneras à boire aux gens malades de la rate, et ils seront guéris merveilleusement.

Si tu en fais boire à une femme hémorroïsse, le sang s'arrêtera immédiatement.

Si tu veux arrêter une hémorragie, fais rôtir le scorpion et donne-le à manger et aussitôt le sang cessera de couler.

ΠΕΡΙ ΣΗΠΙΩΝ
De la sèche.

4] L'os de la sèche enlève les aspérités des paupières et supprime les poils du corps, comme la pierre ponce. Ramasse-le donc sur les rivages de la mer ; employé comme poudre sèche, fréquemment, il fait disparaître les leucomes.

ΠΕΡΙ ΣΥΝΑΓΡΙΔΟΣ
Du synagre.

5] Le synagre est un poisson de mer, connu de tous. Ses dents, suspendues au cou des enfants qui font leurs dents, les leur font sortir sans douleur et guérissent tous les maux de dents.

6] Son fiel, avec de l'huile d'amandes, guérit les maux d'oreilles.

ΠΕΡΙ ΣΑΡΓΟΥ
Du muge.

7] Les dents du muge, portées, éloignent tous les maux de dents.

---

1. Le saure est ainsi nommé de sa ressemblance avec le lézard ; et la stelline, dont nous ne trouvons pas le nom, doit être le stellio latin qui veut également dire lézard : c'est donc un synonyme de saure.

LETTRE T

ΠΕΡΙ ΤΡΙΓΛΑΣ
Du mulet.

Le mulet est un poisson de mer. Calciné avec du miel, en onguent, il détruit les ulcères charbonneux et les guérit complètement. Etouffé, dans du vin, ce vin, donné à boire, facilite les couches laborieuses.

1] Si on coupe les barbes d'un mulet encore vivant qu'ensuite on relâche dans la mer, et qu'on les donne à une femme dans une potion, elles provoqueront chez elle un très grand désir érotique et une grande amitié.

2] Porté, il procure la réussite en toutes affaires.

3] Si après avoir broyé ses yeux, on en frotte les yeux d'une personne, elle sera aussitôt atteinte d'amblyopie.

Voici le remède : le fiel du poisson avec du miel, en collyre, procurera dans la suite une vue perçante.

Son bouillon, en boisson, soulage ceux qui ont bu du poison.

Son foie, broyé, en cataplasme sur les piqûres des pastenagues, des vives, des scorpions, des lamproies, les guérit merveilleusement.

Sa cendre avec du miel, en onguent, fait sortir les épines et sert à soigner les échardes.

De la sardine.

La sardine est un poisson de mer. Sa tête calcinée, en liniment avec du miel, guérit les ulcères mous et arrête l'alopécie.

Fondue avec de l'huile, filtrée, avec du ladanum et de l'adiante, elle arrête la chute des cheveux.

ΠΕΡΙ ΤΡΙΦΩΝΟΣ
De la pastenague.

4] L'aiguillon de la pastenague, fiché dans un arbre, le fait sécher. Si elle est déposée dans une maison habitée ou dans un navire, elle présage l'insuccès, car, en toutes choses, elle est cause de grand dommage.

LETTRE Y

ΠΕΡΙ ΥΔΡΟΥ
De l'hydre.

1] L'hydre est un serpent, vivant la plupart du temps dans l'eau, nageant dans les étangs, se tenant jusqu'à la poitrine au-dessus de l'eau ; c'est un animal dangereux. Il a une pierre dans la tête. Si donc on le prend, on trouvera la pierre sortant de la tête.

2] Le serpent, étant suspendu et exorcisé afin qu'il vomisse la pierre, l'enfumant avec du laurier, prononce ces paroles : « Par le Dieu qui t'a créé, que tu adores justement avec ta langue double, si tu me donnes la pierre, je ne te ferai pas de mal, mais je te renverrai dans tes propres demeures; » et lorsqu'il aura rejeté la pierre, prends un morceau de soie et garde-la précieusement. Et s'il refuse, prends un couteau et fends-lui le sommet de la tête et tu trouveras la pierre, comme beaucoup d'autres animaux en ont, possédant des vertus naturelles.

3] Voici comment on éprouve la vertu de cette pierre : remplis d'eau un vase d'airain, mets-y la pierre en l'attachant au vase : fais une marque et tu trouveras chaque jour l'eau diminuée de deux cotyles (c'est-à-dire un setier).

4] Pour moi, j'ai attaché une fois la pierre à une femme hydropique et, sans la faire souffrir, je suis devenu maître de sa maladie. Je mesurais chaque jour son ventre avec une bande de papyrus, et je trouvais chaque jour qu'il diminuait de quatre doigts: arrivé à la taille naturelle, j'enlevai la pierre. Car si la pierre demeurait attachée, elle absorberait l'eau naturelle et rendrait absolument sec celui qui la porte.

5] Car, attachée avec mesure, elle convient non seulement aux hydropiques, mais aux rhumatismes des pieds, au flux de larmes, et à n'importe quel membre.

6] Sa tête sert à soigner les rhumatismes des pieds, en raison des antipathies de sa nature.

7] Telles sont la nature et les vertus possédées par la pierre du serpent qu'on appelle hydre.

Du pagre.

Le pagre est un très beau poisson de mer. La pierre qui est dans sa tête fait cracher les arêtes avalées.

Son fiel, en collyre, procure une vue perçante.

Les pierres, trouvées dans sa tête, guérissent les maux de dents et favorisent le travail de la dentition.

LETTRE Φ

ΠΕΡΙ ΦΩΚΗΣ
Du phoque.

1] Si l'on suspend à son cou la présure du phoque, on aura gain de cause contre ses adversaires au tribunal. Elle donne en effet la victoire et est efficace.

2] Les poils qui entourent son nez, portés dans son cœur, sont un gage de succès et un charme très grand.

3] Si on place sa peau dans une maison, dans un navire, ou si on la porte, aucun malheur n'arrivera à celui qui la porte, car elle détourne le tonnerre, les dangers, les sorts, les démons, les brigands, les rencontres nocturnes.

4] Il faut avoir en même temps qu'elle, la pierre marine appelée corail.

6] Celui qui, ayant la goutte aux pieds, portera des chaussures en peau de phoque, sera guéri : s'il est bien portant, il n'aura pas la goutte aux pieds.

7] Si quelqu'un attache [sa peau] au mât d'un navire, il ne fera jamais naufrage.

8] Si tu dresses au milieu d'une vigne une tête de phoque, toujours les fruits en seront très abondants.

9] Le cerveau du phoque, en potion, chasse les démons et sert à soigner le mal sacré.

10] Ses yeux guérissent toute ophtalmie. Son œil droit donne à celui qui le porte beaucoup de charme et de succès.

[La suite comme ci-dessus, dans la deuxième Cyranide.]

LETTRE X

ΠΕΡΙ ΧΑΝΝΟΥ
Du serran.

1] Le serran est un poisson de mer ; mangé rôti, il donne une vue perçante. En pommade, sur la tête, il fait disparaître l'alopécie et la teigne.

Son fiel avec du miel, en collyre, guérit les cicatrices des yeux et éclaircit les très anciens leucomes.

ΠΕΡΙ ΧΕΛΩΝΗΣ
De la tortue.

2] Le sang de la tortue de mer est un remède contre toutes les bêtes féroces; et séché, en potion, il guérit toutes les morsures des animaux sauvages.

3] Ses œufs, mangés, guérissent les épileptiques et les lunatiques.

4. V. I.] L'urine de la tortue de cette espèce, en boisson, guérit ceux qui ont été mordus par un aspic ou par une vipère.

5. V. I.] Le sang de la tortue de terre, en potion, guérit merveilleusement les épileptiques et ceux qui ont été mordus par une vipère ou piqués par un scorpion. En pommade sur la tête, il guérit l'alopécie et fait tomber les pellicules.

6. V. I.] Délayé dans du vinaigre, avec de la peau de serpent, il guérit les douleurs d'oreilles et les brûlures.

7. V. I.] Avec du miel, son fiel fait énormément de bien aux cicatrices et aux leucomes.

8. V. I.] Calcinée toute entière, et prise avec du miel, avec suite, elle éclaircit les vieux leucomes; et le collyre guérit les douleurs et les néphélions : avec du vieux beurre, en onguent, elle guérit les ulcères charbonneux.

9. V. I.] Le sang de la tortue de marais, qui s'appelle emylus, en frictions sur le front, guérit la migraine et tous les maux de tête.

10. V. I.] Sa cendre, avec du cérat à la rose, en liniment, guérit admirablement les érysipèles et la goutte chaude. Sa cendre, en poudre, arrête toutes les éruptions de sang, du nez et des plaies.

11. V. I.] Le sang de la tortue de marais, en frictions sur la tête, guérit merveilleusement les maux de tête invétérés.

12. V. I.] En potion, le sang de la tortue de mer soulage ceux qui sont mordus par une vipère : en onction, il soulage également les ulcères.

13. V. I.] Mangé avec des purées de légumes, et bu, il guérit l'orthopnée et ceux qui ont absorbé quelque poison.

14. V. I.] Les pierres de la tortue, portées avec une racine de pivoine, donnent le succès.

15. V. I.] Son fiel, en collyre, écarte l'affaiblissement des yeux.

16. V. I.] Son foie, en potion, guérit la jaunisse.

Broyée avec du nitre et en onguent, la tortue de terre guérit la lèpre et les démangeaisons.

ΠΕΡΙ ΧΕΛΙΔΟΝΟΣ ΘΑΛΑΣΣΙΟΥ
De l'exocet volant.

17] L'exocet volant est un petit poisson qui vole au-dessus des flots de la mer. Lorsqu'il est en troupe et agité, les marins pensent qu'il annonce le vent et la tempête sur mer.

18] Si quelqu'un le prend et le porte après l'avoir fait sécher, il sera vif, agile et heureux.

ΠΕΡΙ ΧΕΙΛΩΝΟΣ
Du muge aux grosses lèvres.

19] La graisse du muge, avec une décoction de fenugrec, en liniment, guérit les crevasses des lèvres.

ΠΕΡΙ ΧΡΥΣΩΧΟΥ
De la dorade.

La dorade est un poisson de mer. Ses yeux, portés au cou, écartent la fièvre tierce et la fièvre quarte et guérissent l'ophtalmie.

20] Les pierres de la tête de la dorade, portées au cou, guérissent les phtisiques.

Porté dans une enveloppe pure, ou en onctions, son fiel procure une bonne odeur et une élégante prestance.

21. V. I.] Son fiel, en onctions, sur le membre viril, donne le désir et procure le plaisir dans les rapports sexuels.

Du porc marin.

Le porc est un poisson de mer. Sa peau, déposée dans une maison, écarte toute espèce de mauvais sorts et les démons.

LETTRE Ψ

ΠΕΡΙ ΨΑΡΩΝ
De la vielle.

1] La vielle est un poisson de mer ; cuit frais dans son jus, et mangé en buvant du vin, il fait un bon estomac.

ΠΕΡΙ ΨΥΛΛΩΝ
Des puces de mer.

2] Si tu fais bouillir, dans l'eau de mer, des puces de mer avec du plantain et que tu en arroses une maison où il y a des puces, elles disparaîtront.

LETTRE Ω

Des oeufs.

1] Les oeufs des poissons salés, mangés en tous temps, surtout ceux des muges, des loups et des poissons de cette espèce, débarrassent de toute anoréxie.

2] Mangés frais et salés, ils guérissent tout dégoût.

3] Telles sont les vrais vertus que la divine nature a donné pour l'utilité des hommes à tous les animaux qui vivent dans l'air, sur terre et dans les eaux, afin que rien dans la vie ne demeurât sans présent.

4] Mais encore, la bienheureuse nature n'a pas seulement montré dans les pierres, dans les arbres, dans les plantes, dans les eaux, sa puissance, et ne nous a pas seulement accordé en don, les choses nécessaires sans lesquelles la vie est impossible, comme l'eau, le feu, mais elle y a joint encore les nécessités de l'existence, ce qui est dans l'air, le soleil, la lumière et tout ce qui s'ensuit. Quant aux choses non nécessaires à la vie, elles les a rendu difficiles à se procurer, afin que les choses qu'on recherche à tort, manquent à cette vie, comme les pierres précieuses et les minéraux sur lesquels nous dissertons plus tard. Et d'abord nous ferons l'histoire des minéraux qui sont dans la terre, sous la conduite et l'influence de Dieu.

AMEN, FIN, AMEN, AMEN.

Copyright © 2020 by FV Éditions
ISBN Ebook : 979-10-299-0993-1
ISBN Livre Broché : 9798683308025
ISBN Livre Relié : 979-10-299-0994-8
Tous Droits Réservés

Également Disponible

LA MAGIE D'ARBATEL

www.ingramcontent.com/pod-product-compliance
Lightning Source LLC
LaVergne TN
LVHW042249070526
838201LV00089B/92